Converting C to Turbo C++

Len Dorfman

Windcrest®/McGraw-Hill

FIRST EDITION
FIRST PRINTING

© 1992 by **Len Dorfman**.
Published by Windcrest Books, an imprint of TAB Books.
TAB Books is a division of McGraw-Hill, Inc.
The name "Windcrest" is a registered trademark of TAB Books.

Library of Congress Cataloging-in-Publication Data

Dorfman, Len.
    Converting C to Turbo C++ / by Len Dorfman.
        p.   cm.
    ISBN 0-8306-3754-0 (Hard)   ISBN 0-8306-3725-7 (Paper)

    1. C (Computer program language)   2. Turbo C++ (Computer program)
I. Title.   II. Title: From C to Turbo C plus plus.
QA76.73.C15D674   1992
005.26'2—dc20   91-34412
                                                          CIP

TAB Books offers software for sale. For information and a catalog, please contact
TAB Software Department, Blue Ridge Summit, PA 17294-0850.

Acquisitions Editor: Stephen Moore
Book Editor: David M. McCandless
Director of Production: Katherine G. Brown
Book Design: Jaclyn J. Boone
Paperbound Cover: Sandra Blair Design and Brent Blair Photography,
    Harrisburg, PA   WP1

Contents

Acknowledgments

To Bob Lewis and Norm Fuchs at TSR Systems Ltd., many thanks for helping out with my hardware woes and for having patience with me when I'm possessed by the muse.

To my soul mate Barbara and our daughter Rachel, thank you for your boundless love and support during the stresses generated by my creative efforts.

Introduction

My central aim in writing this book is to provide hands-on experience for facilitating Turbo C programmers' migration to C++ programming. Your Turbo C++ programming will begin early in this book, and the pace will remain rapid throughout; you'll barely have time to surface for air. Before you can even blink, you'll have a fully functional C++ class library and be programming in C++.

For didactic purposes, I've decided to intertwine object-oriented concepts within the domain of the programming examples, as opposed to the more traditional tack of presenting a glossary of C++ OOPS terms at the book's beginning. This decision supports the how-to practical nature of this book. Also, note that I've chosen not to provide a full-blown tutorial on all the ins and outs of the C++ language. In a methodical fashion, I've decided to present enough basic C++ information to get you started thinking and programming in C++ from the first day you read this book. All of the information presented in this text will lead you to the point where you'll be able to build at will on the classes presented in this book and write a full-blown C++ application with ease.

As with all my previous books, this one follows the well-worn style of presenting (in the specific case of this book) heavily documented class library source code followed by heavily documented demonstration programs.

The first chapter explores some of the differences between C's structures and related functions and C++'s class data and member methods. I've clearly delineated the differences by presenting a C source code example that functions in an identical fashion to the C++ source code example.

Once a rudimentary knowledge of class concepts has been established, I'll introduce a class library building procedure. I'll make some distinctions between base classes and derived classes, and then describe inheritance in the context of class development. We will then explore polymorphism, and I'll explain name mangling in the context of using assembly generated object modules in your C++ programs.

This book contains source code and program examples for the following classes:

Attribute class	Controlling screen attributes
Location class	Base X and Y class
Cursor class	Controlling the text cursor
Printer class	Controlling the printer
Screen class	Writing to the screen
Box class	Box on screen management
Pad class	Managing the viewing of a file
Ems class	Managing Ems memory
Key class	Reading the keyboard
Window class	Window management

You should know that I sit writing about object-oriented programming in C++ with a bit of egg on my face. In a truth session, I'd have to admit that I was initially resistant to object-oriented design principles. I guess I had spent too much time under stress in commercial programming trenches to take a breather to see if there could possibly be a better way than standard C. I was so buried in C that I couldn't see that any other programming method might better serve my needs.

I'm now convinced that C++ is a better way. I knew for sure that I had undergone the change when a few weeks previous to this writing I learned that I had to write a small section of a massive commercial program for TSR Systems Ltd., a software development house. I shocked myself when I instinctively began the code in C++ using the classes I developed for this book! What had happened to me? I guess it's true after all: maybe old dogs *can* learn new tricks.

C++ is the real thing.

What you need to use this book

I developed all the source code in this book using Borland's Turbo C++ 2.0 Compiler and Borland's TASM 2.0 Assembler. To properly run the EMS demonstration programs, you'll need a computer with at least 512K of free EMS available. To see the color schemes of the programs, you'll need a monitor that can display color text.

You'll also find at least a rudimentary knowledge of the C programming language helpful.

1
Introduction to C++

I've been programming in C for many years, so I didn't take easily to integrating object-oriented concepts into my C programs. After all, everything that could be written in C++ can still be written in C, in which I'm fluent. How many programming languages and dialects of those languages do I need to learn?

I converted to object-oriented thinking during the writing of Windcrest/McGraw-Hill's *Object-Oriented Assembly Language* (#3620), and my indoctrination to C++ occurred when I received a copy of Borland's C++ compiler—a spectacular and robust product that totally blew me away! I was convinced to take the C++ plunge.

One other note: as I've never been a fan of integrated programming environments, I began developing C++ classes and programs by using Brief (my beloved text editor) and running Turbo C++ from the command line. Before I could blink an eye, I became hooked on C++.

Enough. Let's get started.

C structure vs. C++ classes

The approach I decided to use here introduces C++ concepts along with rudimentary standard C concepts. Let's start with the standard C structure.

A structure might be thought of as being a collection of data objects of differing types all pulled together under the auspices of a single tag. The data objects in a structure can vary from ints to chars to pointers to arrays to other structures.

Figure 1-1 shows a C source code example for the attribute structure.

```
typedef struct {
    unsigned char fore_ground;   // foreground color
    unsigned char back_ground;   // background color
    unsigned char blink;         // blink on/off
    unsigned char intensity;     // intensity on/ff
    unsigned char Original;      // original attribute
    unsigned char Inverse;       // inverse attibute
    unsigned char Intense;       // intense attribute
    unsigned char Blink;         // original & blink
    unsigned char InverseBlink;  // inverse & blink
    unsigned char IntenseBlink;  // intense & blink
    } Attribute;
```

The Attribute structure defined in FIG. 1-1 is composed of ten unsigned chars. If the C programmer wanted to use this structure in a program, s/he simply would need to declare the structure in the C source code. For example,

Attribute A1;

is one way to declare the structure in C.

Once the Attribute structure was properly declared, the programmer could access data members in two ways. For example, one sample method to access the fore_ground data member would be

A1.fore_ground = (unsigned char)20;

Generally C programmers create functions to manipulate the data held in the structure's members. C conveniently permits the programmers to pass the address of the structure to a function that will operate on the structure's members—for example,

create_attribute(&A1,RED,WHITE,OFF_INTENSITY,OFF_BLINK);

In this example, the create_attribute(...) function receives five parameters. The first parameter is the address of the Attribute structure named A1, while the second through fifth parameters are constants reflecting the character's foreground color, background color, intensity value, and blink value.

In C, the functions that operated on the structure's members aren't really tied to the specific declaration of the structure. In the case of the Attribute example, the programmer might declare five Attribute structures A1 through A5. The create_attribute function can operate on each of declared structures data elements because the first parameter passed to function create_attribute(...) is the address of the structure.

Now that we've completed a cursory review of the C structure, let's use the concept of the structure as one building block in the C++ class. A quick look at the Attribute class presented in FIG. 1-2 shows that a class definition

```
class Attribute {
private:
    unsigned char fore_ground;    // foreground color
    unsigned char back_ground;    // background color
    unsigned char blink;          // blink on/off
    unsigned char intensity;      // intensity on/ff
    unsigned char xAttribute;     // original attribute
    unsigned char xInverse;       // inverse attibute
    unsigned char xIntense;       // intense attribute
    unsigned char xBlink;         // original & blink
    unsigned char xInverseBlink;  // inverse & blink
    unsigned char xIntenseBlink;  // intense & blink
public:
    Attribute(                              // declare Attribute
       unsigned char fore,                  // install fore color
       unsigned char back);                 // install back color
    Reset(                                  // reset Attribute
       unsigned char fore,                  // reset fore color
       unsigned char back);                 // reset back color
    Original() {return xAttribute;}         // return original
    Inverse() {return xInverse;}            // return inverse
    Intense() {return xIntense;}            // return intense
    Blink() {return xBlink;}                // return original-blink
    InverseBlink() {return xInverseBlink;}  // return inverse-blink
    IntenseBlink() {return xIntenseBlink;}  // return intense-blink
};
```

is built on both data and functions. The C++ term to describe the wedding of data and functions into a class-type object is called *encapsulation*.

In order to make things simpler for you, I'll use the term "functions" when referring to C code and the term "class member methods" when referring to C++ code. Essentially, a class member method fulfills the same needs in a C++ program as a function does in a C program.

Let's take a careful look C++'s definition of the Attribute class in contrast to C's definition of the Attribute structure.

In C's structure definition, the general form

```
typedef struct {
    ...
    ...
} Attribute;
```

is used to define the structure. The structure's name, Attribute, is placed after the closing bracket (see the last line of code).

In C++'s class definition, the general form

```
class Attribute {
private:
    ...
    ...
```

```
public:
        ...
        ...      };
```

is used to define the class. The class name Attribute follows the class key-
word. If you compare C's Attribute structure (FIG. 1-1) and the private section
of the Attribute class definition (FIG. 1-2) you will see a great commonality. In
terms common to C programmers, the portion of the Attribute class labelled
private contains the class' data members.

The keyword private defines an access level for the class data.
Borland's C++ supports three access levels for a class data:

private   May be accessed only from member functions declared
              within the same class.

protected May be accessed from member functions declared
              within the same class and also member functions
              derived from this class.

public   May be accessed from anywhere within the same scope
              as the class definition.

I realize that the private, protected, and public keywords might appear
a tad cryptic at this time. I'll demonstrate their use as I develop the con-
cept of classes in the book. If you want to gain a deeper insight into their
formal definitions, however, feel free to read pages 53 to 60 in the *Getting
Started* manual provided in the Turbo C++ package (v2.0, in my case).

The data members contained within the Attribute class are declared as
private, which means that these data members will not be visible to any
classes derived from Attribute. Note that derived classes are a bit ahead of the
game here; but I'll fully explain and demonstrate them in Chapter 9, where
the Window class is derived from the Box class presented in Chapter 5.

Continuing our exploration of the Attribute class (FIG. 1-2), we see that
five functions are declared as public in the class definition.

Let's look at these class member methods.

The first Attribute member method is presented in named Attribute.
When a class member method is named the same as the class name, it is
called the *constructor declaration*. The constructor declaration is used
when you want to declare an instance of the class for the first time. For C
programmers, the constructor declaration member function functions in
a related way to C's structure declaration.

Seeing how the constructor declaration is used will become crystal-
clear when you examine the source code for the attribute creation demon-
stration program PROG2.CPP (presented later in FIG. 1-8). If you're feeling
a bit itchy here, you can jump ahead and examine that figure; it'll clear up
how the constructor declaration is used in C++ source code.

The second Attribute class member method

```
Reset(unsigned char fore, unsigned char back);
```

is a standard C function prototype. The member method (member can be thought of as a function by C programmers) Reset(...) is coded outside of the Attribute class definition.

The third member method

```
Original( ) {return xAttribute;}
```

is also a C function prototype; however, there is a distinctive C++ twist. The {return xAttribute;} is actually the source code for the Original function. In C, the Original() function would be coded like this:

```
unsigned char Original( )
        {
        return xAttribute;
        }
```

The function Original( ) has access to data member xAttribute because function Original( ) is within the scope of class Attribute.

OK. So you savvy C programmers out there will be saying something like "C++ gives you member methods that act on class member data, and C gives you functions that can operate on structure data. What's the big whoop?" In answer, I find C++ a programming language of many little whoops that add up to one big whoop.

I'll get ahead of myself a bit here and talk of one clear advantage of class member methods over C functions operating on structures. C is a case-sensitive language in which each program function must have a distinctive name, where C++ allows you to have identical member method names differing only by their parameter list. In the long run, this can prove a boon in making source code more readable. For example, say you had a program where you needed to reset an attribute and the printer. You could create two functions that might be named

```
ResetPrinter( );
ResetAttribute( );
```

In C++, you call class member method by attaching it to the class declaration. For example, if you were to declare an Attribute class instance named A1 and a Printer class instance named P1, you could invoke the class member methods Reset(...) in the following way:

```
A1.Reset( );
P1.Reset( );
```

What slowly happens to well-designed C++ source code is that the number of class method names a programmer must remember goes down because class members methods of different classes can have the same name.

One aspect of the ability to have duplicate member method names in different classes is called *polymorphism*. In keeping with my theme of nuts-and-bolts dirt-under-the-fingernails C++ programming, however, I will not babble further here about polymorphism other than to say that it simplifies maintaining and reading the source code.

The remaining class Attribute member methods are of the Original( ) member method ilk.

As you are probably beginning to see, the C++ class can be thought of in a sense as a superset of the C structure, where the C++ class contains both data and related method members. The C structure contains just data members.

Writing to the screen via direct memory in C

In order to facilitate your learning of C++, I've decided to present a very simple C program that writes to the screen using direct video memory access. The 80-column color text mode permits you to display text where the foreground and background colors can be designated, and you can also control both the foreground intensity and blink characteristics.

For purposes of this demonstration program, I've decided to create an attribute structure that will hold a text attribute's color, blink, and intensity values. Figure 1-3 presents the source code listing to a file named A.H.

1-3 Source code listing of A.H.

```
///////////////////////////////////////
//
// a.h
//
// Attribute Structure
//
///////////////////////////////////////

/////////////////////////////
//
// attribute define values
//

#define BLACK    0
#define BLUE     1
#define GREEN    2
#define CYAN     3
#define RED      4
#define MAGENTA 5
#define BROWN    6
#define WHITE    7
#define NORMAL   7
#define REVERSE 112

#define ON_INTENSITY  8
#define OFF_INTENSITY 0
#define ON_BLINK      128
#define OFF_BLINK     0
```

```
////////////////////////////
// attribute structure

typedef struct {
    unsigned char fore_ground;  // foreground color
    unsigned char back_ground;  // background color
    unsigned char blink;        // blink on/off
    unsigned char intensity;    // intensity on/ff
    unsigned char Original;     // original attribute
    unsigned char Inverse;      // inverse attibute
    unsigned char Intense;      // intense attribute
    unsigned char Blink;        // original & blink
    unsigned char InverseBlink; // inverse & blink
    unsigned char IntenseBlink; // intense & blink
    } Attribute;
```

Figure 1-4 presents the source code listing to a file named ATTRIB.C. This source listing contains the code to a function that I have called CreateAttribute(...). Function CreateAttribute(...) receives three parameters: a pointer to an attribute structure (back in FIG. 1-3), a foreground color, and a background color.

1-4 Source code listing of ATTRIB.C.

```
///////////////////////////////////////
//
// attrib.c
//
// Fill attribute structure
//
///////////////////////////////////////

///////////////////////////////////////
// create attribute function prototype

void CreateAttribute(
    Attribute *a,
    unsigned char fore,
    unsigned char back);

///////////////////////////////////////
//
// CreateAttribute(...)
//
// Takes parameters and
// creates different attribute
// combinations from foreground
// and background colors.
//
///////////////////////////////////////

void CreateAttribute(
    Attribute *a,
    unsigned char fore,
    unsigned char back)
{
```

```
///////////////////////////////
// place attribute information
// into attrib structure

a->fore_ground = fore;
a->back_ground = back;
a->blink = OFF_BLINK;
a->intensity = OFF_INTENSITY;

///////////////////////////////
// create original attribute value

a->Original=0;
a->Original=back;
a->Original <<= 4;
a->Original |= fore;
a->Original |= a->intensity;
a->Original |= a->blink;

/////////////////////////
// create Inverse value

a->Inverse=0;
a->Inverse=fore;
a->Inverse <<= 4;
a->Inverse |= back;
a->Inverse |= a->intensity;
a->Inverse |= a->blink;

///////////////////////////////
// create Intense attribute value

a->Intense=0;
a->Intense=back;
a->Intense <<= 4;
a->Intense |= fore;
a->Intense |= ON_INTENSITY;
a->Intense |= a->blink;

/////////////////////////////////
// create Blink Attribute value

a->Blink=0;
a->Blink=back;
a->Blink <<= 4;
a->Blink |= fore;
a->Blink |= a->intensity;
a->Blink |= ON_BLINK;

/////////////////////////////
// create InverseBlink value

a->InverseBlink=0;
a->InverseBlink=fore;
a->InverseBlink <<= 4;
a->InverseBlink |= back;
a->InverseBlink |= a->intensity;
a->InverseBlink |= ON_BLINK;
```

```
////////////////////////////////////////
// create IntenseBlink attribute value

a->IntenseBlink=0;
a->IntenseBlink=back;
a->IntenseBlink <<= 4;
a->IntenseBlink |= fore;
a->IntenseBlink |= ON_INTENSITY;
a->IntenseBlink |= ON_BLINK;

}
```

Using the second and third color parameters, function CreateAttribute(...) automatically calculates an original color attribute with intensity off and blink off. During the function's execution, a variety of attribute combinations using the two designated colors are also calculated and stuffed into the attribute structure.

Figure 1-5 presents the C source code listing to a file named WTEXT.C. This source file contains the code to a function named wtext(...). This function writes a string of text to the screen at a specified row and column location using a designated attribute via direct video memory access.

1-5 Source code listing of WTEXT.C.

```
////////////////////////////////////////
//
// wtext.c
//
////////////////////////////////////////

/////////////////////////
// include dos.h header

#include <dos.h>

////////////////////
// wtext prototype

void wtext(
    int row,
    int column,
    int length,
    char *string,
    unsigned char attribute);

////////////////////////////////////////
//
// wtext(...)
//
// Write text message to the screen of
// predetermined length at a specified
// row and column location using a
// specified screen attribute.
//
////////////////////////////////////////
```

```
void wtext(
    int row,
    int column,
    int length,
    char *string,
    unsigned char attribute)
{
/////////////////////////////
// declare REGS structure for
// BIOS interface

union REGS ir,or;

/////////////////////////////////////
// declare variables for screen write

unsigned char far *scrn;
int count;
long offset;

////////////////////////////////////////////////
// set ah register for int 10H BIOS invokation

ir.h.ah = 0x0f;      // get video mode to al register
int86(0x10,&ir,&or); // invoke BIOS int 10H

/////////////////////////////////////////
// init screen pointer for mono or color

if(or.h.al == 7) // if mono display
    scrn = (unsigned char far *)0x0b0000000L;
else             // is color
    scrn = (unsigned char far *)0x0b8000000L;

////////////////////////////////////////////
// set screen char offset from screen start

offset = (long)(row*160)+(column*2);

//////////////////////////////////
// set pointer to screen location

scrn = scrn + offset;

/////////////////////////////////////////////
// write text to screen at appropriate row and
// column using designated attribute

for(count=0; count<length; count++)
    {
    *scrn++ = *string++;                 // byte to screen
    *scrn++ = (unsigned char)attribute; // attribute to screen
    }

}
```

The final C demonstration program called PROG1.C is presented in FIG. 1-6. This demonstration program shows how to write to the screen in C using direct video memory access.

You may compile and link PROG1.C by entering the following command line

    bcc prog1.c

and pressing Enter. Running PROG1.EXE shows how to write text to the screen while controlling the text's attributes via direct video memory access in C.

1-6 Source code listing of PROG1.C.

```
/////////////////////////////////////
//
// prog1.c
//
// Demonstration C program which will
// be compared to an equivalent C++
// program.
//
/////////////////////////////////////

/////////////////////////////////////
// include attribute defs and structure

#include "a.h"

/////////////////////////////////////
// include attribute function source

#include "attrib.c"

/////////////////////////////////////
// include wtext function source

#include "wtext.c"

//////////////////////
// begin main program

void main()
{
/////////////////////////////
// declare attribute structure

Attribute A1;

/////////////////////////////////////////////////
// create attribute structure using RED foreground
// and WHITE background (defined in a.h)

CreateAttribute(&A1,      // address of A1 structure
                RED,      // foreground color
                WHITE);   // background color
```

```
////////////////////////////////////////////////
// write text test message using standard attribute

wtext(0,0,12,"Hello Chuck!",A1.Original);

////////////////////////////////////////////////
// write text message to screen using inverse attribute

wtext(1,0,12,"Hello Chuck!",A1.Inverse);

/////////////////////////////////////////////////////////
// write text message to screen using intense foreground attribute

wtext(2,0,12,"Hello Chuck!",A1.Intense);

/////////////////////////////////////////////////////////
// write text message to the screen using foreground blink attribute

wtext(3,0,12,"Hello Chuck!",A1.Blink);

/////////////////////////////////////////////////////////
// write text message to the screen using blink and inverse

wtext(4,0,12,"Hello Chuck!",A1.InverseBlink);

////////////////////////////////////////////////
// write text message to the screen using intense blink

wtext(5,0,12,"Hello Chuck!",A1.IntenseBlink);

////////////////////////////////////////////////
// reset attribute structure using RED foreground
// and WHITE background (defined in a.h)

CreateAttribute(&A1,        // address of A1 structure
                WHITE,      // foreground color
                BLUE);      // background color

////////////////////////////////////////////////
// write text message to the screen using intense

wtext(6,0,12,"Hello Chuck!",A1.Intense);
}
```

The Attribute class

Figure 1-7 presents the source code listing to ATTRIB.H. This file contains the source code to the C++ class named Attribute. Source file ATTRIB.H contains both the class definition and member methods in the same file. Classes presented in the future will separate the class definition and class member methods into two separate files.

Note that all class member method prototypes are presented and fully commented in the class definition (ATTRIB.H in this case) file. As you read

```
///////////////////////////////////
//
// attrib.h
//
// Attribute Class
//
//

/////////////////////////
//
// attribute define values
//

#define BLACK    0
#define BLUE     1
#define GREEN    2
#define CYAN     3
#define RED      4
#define MAGENTA  5
#define BROWN    6
#define WHITE    7
#define NORMAL   7
#define REVERSE  112

#define ON_INTENSITY  8
#define OFF_INTENSITY 0
#define ON_BLINK      128
#define OFF_BLINK     0

class Attribute {
private:
   unsigned char fore_ground;   // foreground color
   unsigned char back_ground;   // background color
   unsigned char blink;         // blink on/off
   unsigned char intensity;     // intensity on/ff
   unsigned char xAttribute;    // original attribute
   unsigned char xInverse;      // inverse attibute
   unsigned char xIntense;      // intense attribute
   unsigned char xBlink;        // original & blink
   unsigned char xInverseBlink; // inverse & blink
   unsigned char xIntenseBlink; // intense & blink
public:
   Attribute(                                 // declare Attribute
      unsigned char fore,                     // install fore color
      unsigned char back);                    // install back color
   void Reset(                                // reset Attribute
      unsigned char fore,                     // reset fore color
      unsigned char back);                    // reset back color
   Original() {return xAttribute;}            // return original
   Inverse() {return xInverse;}               // return inverse
   Intense() {return xIntense;}               // return intense
   Blink() {return xBlink;}                   // return original-blink
   InverseBlink() {return xInverseBlink;}     // return inverse-blink
   IntenseBlink() {return xIntenseBlink;}     // return intense-blink
};
```

1-7 Continued.

```
///////////////////////////////////
//
// Attribute(...)
//
// Declare Attribute class and
// initialize appropriate class data
// values.
//
//
///////////////////////////////////

Attribute::Attribute(
    unsigned char fore,
    unsigned char back)
{
///////////////////////////////
// place attribute information
// into attrib structure

fore_ground = fore;
back_ground = back;
blink = OFF_BLINK;
intensity = OFF_INTENSITY;

///////////////////////////////////
// create original attribute value

xAttribute=0;
xAttribute=back;
xAttribute <<= 4;
xAttribute |= fore;
xAttribute |= intensity;
xAttribute |= blink;

/////////////////////////
// create Inverse value

xInverse=0;
xInverse=fore;
xInverse <<= 4;
xInverse |= back;
xInverse |= intensity;
xInverse |= blink;

///////////////////////////////
// create Intense attribute value

xIntense=0;
xIntense=back;
xIntense <<= 4;
xIntense |= fore;
xIntense |= ON_INTENSITY;
xIntense |= blink;

///////////////////////////////
// create Blink Attribute value
```

```
xBlink=0;
xBlink=back;
xBlink <<= 4;
xBlink |= fore;
xBlink |= intensity;
xBlink |= ON_BLINK;

///////////////////////////////
// create InverseBlink value

xInverseBlink=0;
xInverseBlink=fore;
xInverseBlink <<= 4;
xInverseBlink |= back;
xInverseBlink |= intensity;
xInverseBlink |= ON_BLINK;

//////////////////////////////////////
// create IntenseBlink attribute value

xIntenseBlink=0;
xIntenseBlink=back;
xIntenseBlink <<= 4;
xIntenseBlink |= fore;
xIntenseBlink |= ON_INTENSITY;
xIntenseBlink |= ON_BLINK;
};

////////////////////////////////////////
//
// Reset(...)
//
// Reset previously declared
// Attribute class and  initialize
// appropriate class data values.
//
////////////////////////////////////////

void Attribute::Reset(
    unsigned char fore,
    unsigned char back)
{
////////////////////////////////
// place attribute information
// into attrib structure

fore_ground = fore;
back_ground = back;
blink = OFF_BLINK;
intensity = OFF_INTENSITY;

//////////////////////////////////
// create original attribute value

xAttribute=0;
xAttribute=back;
xAttribute <<= 4;
xAttribute |= fore;
xAttribute |= intensity;
xAttribute |= blink;
```

1-7 Continued.

```
//////////////////////
// create Inverse value

xInverse=0;
xInverse=fore;
xInverse <<= 4;
xInverse |= back;
xInverse |= intensity;
xInverse |= blink;

//////////////////////////////
// create Intense attribute value

xIntense=0;
xIntense=back;
xIntense <<= 4;
xIntense |= fore;
xIntense |= ON_INTENSITY;
xIntense |= blink;

////////////////////////////
// create Blink Attribute value

xBlink=0;
xBlink=back;
xBlink <<= 4;
xBlink |= fore;
xBlink |= intensity;
xBlink |= ON_BLINK;

//////////////////////////
// create InverseBlink value

xInverseBlink=0;
xInverseBlink=fore;
xInverseBlink <<= 4;
xInverseBlink |= back;
xInverseBlink |= intensity;
xInverseBlink |= ON_BLINK;

////////////////////////////////////
// create IntenseBlink attribute value

xIntenseBlink=0;
xIntenseBlink=back;
xIntenseBlink <<= 4;
xIntenseBlink |= fore;
xIntenseBlink |= ON_INTENSITY;
xIntenseBlink |= ON_BLINK;

};
```

through the text, note that the simplest way to get knowledge of the member methods of a class and their calling parameters is to look at the class definition listing. Looking at the class definition listing is the simplest way to see how to use the class' member methods.

Writing to the screen via direct memory in C++

Figure 1-8 contains the source code listing to PROG2.CPP. This simple C++ program uses the Attribute class when writing to the screen. See how use of the C++ Attribute class in PROG2.CPP (see FIG. 1-8) differs from use of the C Attribute structure in PROG1.C (FIG. 1-6). The executable files created using PROG1.C and PROG2.CPP both operate identically.

You may compile and link PROG2.CPP from the command line by typing

    bcc prog2.cpp

and pressing Enter.

Running PROG1.EXE and PROG2.EXE will produce identical results. The C generated PROG1.EXE's size weighed in at 4678 bytes, and the C++ generated PROG2.EXE's size was 5030 bytes. Yes, C++ executable code is most often a tad larger than comparable C-generated executable code.

As you work your way through the book's source code you'll begin to see how infusing C++ features into your programs will change both the way they look and how you think about constructing your source code.

1-8 Source code listing of PROG2.CPP.

```
///////////////////////////////////
//
// prog2.cpp
//
// Demonstration C++ program which will
// be compared to an equivalent C
// program (PROG1.C).
//
///////////////////////////////////

///////////////////////////////////
// include attribute class definition
// and attribute class methods

#include "attrib.h"

/////////////////////////////////
// include wtext function source

#include "wtext.c"

////////////////////////
// begin main program

void main()
{
///////////////////////////////////////
// Declare A1 as Attribute class using RED
// foreground and WHITE background
// (as defined in attrib.h).
```

```
Attribute A1(
    RED,        // foreground color
    WHITE);     // background color

//////////////////////////////////////////////////
// write text test message using original attribute

wtext(0,0,12,"Hello Chuck!",A1.Original());

//////////////////////////////////////////////////////
// write text message to screen using inverse attribute

wtext(1,0,12,"Hello Chuck!",A1.Inverse());

/////////////////////////////////////////////////////////////
// write text message to screen using intense foreground attribute

wtext(2,0,12,"Hello Chuck!",A1.Intense());

/////////////////////////////////////////////////////////////////
// write text message to the screen using foreground blink attribute

wtext(3,0,12,"Hello Chuck!",A1.Blink());

/////////////////////////////////////////////////////////
// write text message to the screen using blink and inverse

wtext(4,0,12,"Hello Chuck!",A1.InverseBlink());

//////////////////////////////////////////////////////
// write text message to the screen using intense blink

wtext(5,0,12,"Hello Chuck!",A1.IntenseBlink());

////////////////////////////////
// reset Attribute class A1

A1.Reset(
    WHITE,      // foreground color
    BLUE);      // background color

/////////////////////////////////////////////////////
// write text message to the screen using intense

wtext(6,0,12,"Hello Chuck!",A1.Intense());
}
```

Summary

In this chapter, you learned that one simple way to view a C++ class is to visualize it as a melding of C's structure and function capabilities. In C++ terminology, a C function would be called a C++ class member method. Encapsulation is the C++ term that describes the wedding of data and member methods into one class-type object.

One perk of using C++ classes is that duplicate names of member methods can be used. This feature is called polymorphism and could lead to easier maintenance of and increasingly readable source code.

Comparable C and C++ programs were presented, with the C++-generated executable's size being a tad larger that the C-generated executable's size.

Finally, remember that the class definition files presented in this book (ATTRIBUT.H, PRINTER.H, BOX.H, SCREEN.H, PAD.H, EMS.H, KEY.H and WINDOW.H.) contain all the class member method prototypes and parameters. Looking at the class definition files and demonstration programs is the most efficient and fastest way to see how a class member method can be used.

2
Creating C++ class libraries

One of the wonderful facets of the C programming language is its library management facility. Libraries are tremendous time savers for C programmers. Simply, a C library is a collection of canned functions or tools to which the C programmer has access, such as graphics libraries, communications libraries, screen-handling libraries, and others.

Loosely, the library concept comes from the "Why re-invent the wheel?" school of thought. For example, let's say you write a time-billing type of accounting/database application program. You write the code for a nifty set of pop-up windows and integrate the pop-up code into your time billing application program. You smile with glee when you see how professional the program looks.

Your next assignment is to write a database applications program to keep track of a customer name and address database. Roughly, the programmer might think of two courses to take when developing the database application. The first tack would be to begin studying database theory and begin to write up some code. The programmer could design a new pop-up windowing scheme and then write that code.

Or . . .

If the programmer had been savvy to the C library concept, s/he would have designed the original time-billing pop-up window code as a library. Then, using that previously used pop-up window code along with a purchased C database library (of which there are many commercially available on the market) s/he could write a full-blown name and address database application in a very small amount of time.

Ah, reusable code. Code reusability is a high priority in the commercial programming house. Re-inventing the wheel every time you start a project means time wasted. Programmer time wasted and delaying a product's introduction into the marketplace means money down the chute. C libraries facility the reusability of code.

Typically, when using a C library, the programmer simply includes FOO.H header files that contain definitions and function prototypes used by the application program. They then link in their libraries when creating the final executable program.

The C++ use of libraries is no different. In this chapter, I've presented three classes. The now familiar Attribute class is presented again but this time in two source files. The first source file presented is a header file (ATTRIBUT.H, in FIG. 2-1) that shows some constant definitions and the Attribute class definition. The second file is true-blue C++ source (ATTRIBUT.CPP, in FIG. 2-2) that contains the Attribute class member methods not coded in source file ATTRIBUT.H.

2-1 Source code listing of ATTRIBUT.H

```
/////////////////////////////////////
//
// attribut.h
//
// Attribute Class
//
//

/////////////////////////////
//
// attribute define values
//

#define BLACK    0
#define BLUE     1
#define GREEN    2
#define CYAN     3
#define RED      4
#define MAGENTA  5
#define BROWN    6
#define WHITE    7
#define NORMAL   7
#define REVERSE  112

#define ON_INTENSITY  8
#define OFF_INTENSITY 0
#define ON_BLINK      128
#define OFF_BLINK     0

class Attribute {
private:
    unsigned char fore_ground;    // foreground color
    unsigned char back_ground;    // background color
    unsigned char blink;          // blink on/off
    unsigned char intensity;      // intensity on/ff
    unsigned char xAttribute;     // original attribute
    unsigned char xInverse;       // inverse attibute
```

```
        unsigned char xIntense;      // intense attribute
        unsigned char xBlink;        // original & blink
        unsigned char xInverseBlink; // inverse & blink
        unsigned char xIntenseBlink; // intense & blink
public:
    Attribute(                                  // declare Attribute
        unsigned char fore,                     // install fore color
        unsigned char back);                    // install back color
    void Reset(                                 // reset Attribute
        unsigned char fore,                     // reset fore color
        unsigned char back);                    // reset back color
    Original() {return xAttribute;}             // return original
    Inverse() {return xInverse;}                // return inverse
    Intense() {return xIntense;}                // return intense
    Blink() {return xBlink;}                    // return original-blink
    InverseBlink() {return xInverseBlink;}      // return inverse-blink
    IntenseBlink() {return xIntenseBlink;}      // return intense-blink
};
```

2-2   Source code listing of ATTRIBUT.CPP.

```
///////////////////////////////////////
//
// attribut.cpp
//
// Attribute class methods
//
///////////////////////////////////////

/////////////////////////////////
// include Attribute class
// definition

#include "attribut.h"

///////////////////////////////////////
//
// Attribute(...) (constructor)
//
// Declare Attribute class and
// initialize appropriate class data
// values.
//
//
///////////////////////////////////////

Attribute::Attribute(
    unsigned char fore,
    unsigned char back)
{
/////////////////////////////////
// place attribute information
// into attrib structure

fore_ground = fore;
back_ground = back;
blink = OFF_BLINK;
intensity = OFF_INTENSITY;
```

```
///////////////////////////////
// create original attribute value

xAttribute=0;
xAttribute=back;
xAttribute <<= 4;
xAttribute |= fore;
xAttribute |= intensity;
xAttribute |= blink;

/////////////////////////
// create Inverse value

xInverse=0;
xInverse=fore;
xInverse <<= 4;
xInverse |= back;
xInverse |= intensity;
xInverse |= blink;

//////////////////////////////////
// create Intense attribute value

xIntense=0;
xIntense=back;
xIntense <<= 4;
xIntense |= fore;
xIntense |= ON_INTENSITY;
xIntense |= blink;

////////////////////////////////
// create Blink Attribute value

xBlink=0;
xBlink=back;
xBlink <<= 4;
xBlink |= fore;
xBlink |= intensity;
xBlink |= ON_BLINK;

///////////////////////////////
// create InverseBlink value

xInverseBlink=0;
xInverseBlink=fore;
xInverseBlink <<= 4;
xInverseBlink |= back;
xInverseBlink |= intensity;
xInverseBlink |= ON_BLINK;

/////////////////////////////////////
// create IntenseBlink attribute value

xIntenseBlink=0;
xIntenseBlink=back;
xIntenseBlink <<= 4;
xIntenseBlink |= fore;
xIntenseBlink |= ON_INTENSITY;
xIntenseBlink |= ON_BLINK;
```

```
};

/////////////////////////////////////
//
// Reset(...)
//
// Reset previously declared
// Attribute class and  initialize
// appropriate class data values.
//
/////////////////////////////////////

void Attribute::Reset(
    unsigned char fore,
    unsigned char back)
{
////////////////////////////////
// place attribute information
// into attrib structure

fore_ground = fore;
back_ground = back;
blink = OFF_BLINK;
intensity = OFF_INTENSITY;

////////////////////////////////
// create original attribute value

xAttribute=0;
xAttribute=back;
xAttribute <<= 4;
xAttribute |= fore;
xAttribute |= intensity;
xAttribute |= blink;

//////////////////////////
// create Inverse value

xInverse=0;
xInverse=fore;
xInverse <<= 4;
xInverse |= back;
xInverse |= intensity;
xInverse |= blink;

////////////////////////////////
// create Intense attribute value

xIntense=0;
xIntense=back;
xIntense <<= 4;
xIntense |= fore;
xIntense |= ON_INTENSITY;
xIntense |= blink;

////////////////////////////////
// create Blink Attribute value

xBlink=0;
xBlink=back;
```

2-2 Continued.

```
xBlink <<= 4;
xBlink   |= fore;
xBlink   |= intensity;
xBlink   |= ON_BLINK;

////////////////////////////
// create InverseBlink value

xInverseBlink=0;
xInverseBlink=fore;
xInverseBlink <<= 4;
xInverseBlink   |= back;
xInverseBlink   |= intensity;
xInverseBlink   |= ON_BLINK;

//////////////////////////////////////
// create IntenseBlink attribute value

xIntenseBlink=0;
xIntenseBlink=back;
xIntenseBlink <<= 4;
xIntenseBlink   |= fore;
xIntenseBlink   |= ON_INTENSITY;
xIntenseBlink   |= ON_BLINK;
};
```

Once the Attribute class is compiled into an object module, it is then used to create a new C++ class library. This C++ library is utilized in a very similar fashion to the standard C library. The C++ class definition header file, say ATTRIBUT.H, is included in the C++ program in a similar fashion to the standard C header file. Also the C++ class library is linked with the program modules to create the C++ generated executable program.

The Location class is presented next, and the last one presented is the Cursor class. In C++, however, the concept of reusable code is extended a bit more deeply than in C's implementation, for not only may the classes be repeatedly used in different programs but one class may inherit both the class member data and class member methods from another class.

Inheritance: that's where I'm leading. The class doing the inheriting is called the *derived* class, while the class whose properties are being inherited by another class is called the *base* class.

In the case of the Location class and the Cursor class, the Location class is the base class and the Cursor class inherits properties of the Location class. The Cursor class is the derived class.

Later in Chapter 9, you'll really see how the Window class inherits both member data and member methods from the Box class presented in Chapter 5. As always, I believe examples are worth thousands of words, so let's start creating our class libraries.

Adding the Attribute class to a library

Figure 2-1 presents the source code listing to ATTRIBUT.H. This C++ header file contains both defines and the Attribute class definition.

If you've read Chapter 1, I'm sure that ATTRIBUT.H appears familiar to you. I've split ATTRIB.H (back in FIG. 1-7) to facilitate the addition of the Attribute class to a C++ library.

Figure 2-2 presents the source code listing to ATTRIBUT.CPP, which also derives from FIG. 1-7's ATTRIB.H. After compilation, ATTRIBUT.CPP helps to create ATTRIBUT.OBJ. Object module ATTRIBUT.OBJ is added to the C++ library.

Now it's time to compile ATTRIBUT.CPP to ATTRIBUT.OBJ. As I don't use the Turbo C++'s integrated environment and compile from the command line, I've created a very simple batch file called CC.BAT to handle the chore:

```
bcc − c %1.cpp
```

That's all it contains.

To compile ATTRIBUT.CPP from the command line, simply type

```
cc attribut
```

and press Enter.

Now it's time to add ATTRIBUT.OBJ to a C++ class library. Once again I use a batch file for library management purposes. For those of you who are familiar with library managers, you'll know that if you attempt to add an object module to a library that doesn't exist, the library manager will automatically create a new library and then add that object module to the newly created library.

For purposes of this book, I've decided to call the C++ library developed here TABCPP.LIB.

ADDLIB.BAT is the batch file that adds an object module to a class library. It contains this:

```
tlib tabcpp + %1
```

Thus, to create the TABCPP.LIB class library file and add ATTRIBUT .OBJ to this newly created library, simply type

```
addlib attribut
```

and press Enter. Now, if you do a directory search, you'll see the following four relevant files in your directory:

```
ATTRIBUT.H
ATTRIBUT.CPP
ATTRIBUT.OBJ
TABCPP.LIB
```

As is my way, I've included demonstration programs after almost all presentations of classes. In computer science, I never take for granted that anything works without first testing it (deciding instead to cultivate faith in other arenas).

Figure 2-3 presents the source code listing to PROG3.CPP. This demonstration program shows the Attribute class member methods in action.

I use a batch file to link demonstration program object modules to the TABCPP.LIB C++ class library file. I use a two-step compile-and-link procedure in my C++ class library development style.

First, let's compile PROG3.CPP by typing from the command line

    cc prog3

and pressing Enter.

Now that PROG3.OBJ has been created, let's use another batch file called CCL.BAT to create an executable file. CCL.BAT looks like this:

    bcc %1.obj tabcpp.lib

To create PROG3.EXE, simply type from the command line

    ccl prog3

and press Enter. When PROG3.CPP executes, you will probably recognize the results. Realize here that PROG3.EXE was created using the newly created TABCPP.LIB file; the C++ class library building process has begun in earnest.

2-3 Source code listing of PROG3.CPP.

```
/////////////////////////////////////
//
// prog3.cpp
//
// Demonstration C++ program which will
// be compared to an equivalent C
// program (PROG1.C).
//
/////////////////////////////////////

/////////////////////////////////////
// include attribute class definition

#include "attribut.h"

/////////////////////////////////////
// include wtext function source

#include "wtext.c"

/////////////////////////
// begin main program

void main()
```

```
{
///////////////////////////////////////
// Declare A1 as Attribute class using RED
// foreground and WHITE background
// (as defined in attrib.h).

Attribute A1(
    RED,       // foreground color
    WHITE);    // background color

/////////////////////////////////////////////////
// write text test message using original attribute

wtext(0,0,12,"Hello Chuck!",A1.Original());

///////////////////////////////////////////////////
// write text message to screen using inverse attribute

wtext(1,0,12,"Hello Chuck!",A1.Inverse());

//////////////////////////////////////////////////////////////
// write text message to screen using intense foreground attribute

wtext(2,0,12,"Hello Chuck!",A1.Intense());

///////////////////////////////////////////////////////////////
// write text message to the screen using foreground blink attribute

wtext(3,0,12,"Hello Chuck!",A1.Blink());

/////////////////////////////////////////////////////
// write text message to the screen using blink and inverse

wtext(4,0,12,"Hello Chuck!",A1.InverseBlink());

//////////////////////////////////////////////////
// write text message to the screen using intense blink

wtext(5,0,12,"Hello Chuck!",A1.IntenseBlink());

////////////////////////////////
// reset Attribute class A1

A1.Reset(
    WHITE,     // foreground color
    BLUE);     // background color

///////////////////////////////////////////////////
// write text message to the screen using intense

wtext(6,0,12,"Hello Chuck!",A1.Intense());
}
```

The base Location class

Without my getting wordy, C++ class-type objects can be built into hierar-
chies where one class-type object can inherit both data and member
methods from another class-type object. The first class-type object con-

taining the data and member methods to be inherited is called the *base* class. The class-type object that gets to use the data and member methods of an existing class-type object is called the *derived* class. This property of C++ class objects being able to inherit data and member methods from previously existing class-type objects is logically called *inheritance*.

The Location class presented in this section of Chapter 2 may properly be called the base class in relation to the derived Cursor class presented in the next section of this chapter. In other words, the Cursor class inherits both data and member methods from the Location class.

Figure 2-4 shows the source code listing to LOCATION.H, which contains the Location class definition. Figure 2-5 presents the source code listing to LOCATION.CPP. This source file presents the source code to class Location's member methods.

2-4 Source code listing of LOCATION.H.

```
/////////////////////////////////////
//
// location.h
//
// Location Class definition
//
/////////////////////////////////////

class Location {
protected:  // allows derived classes access to private data
    int X;    // column location
    int Y;    // row location
public:
    Location(                        // Location constructor
        int Xval,                    // initialize X value
        int Yval);                   // initialize Y value
    void Reset(int Xval,int Yval);   // reset X & Y value
    void Modify(int Xnum,int Ynum);  // modify X & Y value
    int getX() { return X; }         // return X value
    int getY() { return Y; }         // return X value
};
```

2-5 Source code listing of LOCATION.CPP.

```
/////////////////////////////////////
//
// location.cpp
//
// Location class methods
//
/////////////////////////////////////

/////////////////////////////
// include location.h class
// definition
```

```
#include "location.h"

///////////////////////////////////
//
// Location(...) (constructor)
//
// Declares and sets the protected
// data X and Y. X and Y have been
// declared as protected because
// the Location class will function
// as a BASE class for other classes.
//
///////////////////////////////////

Location::Location(
        int Xval,  // column location
        int Yval)  // row location
{
X = Xval;  // set protected X value
Y = Yval;  // set protected Y value
};


///////////////////////////////////
//
// Reset(...)
//
// Reset previously declared
// Location
//
///////////////////////////////////

void Location::Reset(
        int Xval,  // column location
        int Yval)  // row location
{
X = Xval;      // reset protected X value
Y = Yval;      // reset protected Y value
};


///////////////////////////////////
//
// Modify(...)
//
// Modify previously declared
// Location
//
///////////////////////////////////

void Location::Modify(
        int Xnum,  // column location
        int Ynum)  // row location
{
X += Xnum;     // modify protected X value
Y += Ynum;     // modify protected Y value
};
```

Let's compile the Location class by typing from the command line

```
cc location
```

and pressing Enter.

Now let's add LOCATION.OBJ to TABCPP.LIB by typing from the command line

```
addlib location
```

and pressing Enter. The Location class has now been added to your C++ class library.

I've presented three demonstration programs to illustrate the operation of the Location class member methods. Figure 2-6 presents the source code listing to PROG4.CPP. This C++ demonstration uses ANSI standard C I/O to report to the screen.

2-6   Source code listing of PROG4.CPP.

```
////////////////////////////////////////
//
// prog4.cpp
//
// Demonstrates the use of base class
// Location and standard C I/O
//
////////////////////////////////////////

////////////////////////////////////
// include stdio.h header

#include <stdio.h>

////////////////////////////////
// include location.h which
// contains class definition
// for Location

#include "location.h"

///////////////////////////
// program start

void main()
{
///////////////////////////////
// Print program greeting using
// standard C I/O

printf("\n*************************\n");
printf("*                       *\n");
printf("*   Location Class Demo  *\n");
printf("*         And C I/O      *\n");
printf("*                       *\n");
printf("*************************\n\n");
```

```
///////////////////////////
//
// Declare LOC1 Location class
// and set X value to 1991
// and Y value to 2004

Location LOC1(1991,2004);

///////////////////////////
//
// Use C I/O printf function
// to report X & Y values in
// Location Class LOC1

printf("\nValue X = %d\n",LOC1.getX()); // call Location method
printf("Value Y = %d\n",LOC1.getY());   // call Location method

///////////////////////////
// Reset LOC1 X & Y values
//

LOC1.Reset(313,1969);

///////////////////////////
//
// Use C I/O printf function
// to report X & Y values in
// Location Class LOC1

printf("\nValue X = %d\n",LOC1.getX()); // call Location method
printf("Value Y = %d\n",LOC1.getY());   // call Location method

///////////////////////
// final words

printf("\nThat's all folks!\n");         // final goodbye
}
```

Let's create PROG4.EXE. From the command line, type

    cc prog4

and press Enter.

Now that PROG4.OBJ has been created, from the command line, type

    ccl prog4

and press Enter. Running PROG4.EXE shows how C++ classes and ANSI standard C screen I/O can harmoniously be used together.

Figure 2-7 presents the source code listing to PROG5.CPP. This program is a fully C++-based screen I/O version of PROG4.CPP. The C++ screen I/O class member methods are contained in the comprehensive Turbo C++ class libraries.

Let's compile PROG5.CPP. From the command line, type

    cc prog5

```
///////////////////////////////////
//
// prog5.cpp
//
// Demonstrates the use of base class
// Location and C++ I/O
//
///////////////////////////////////

///////////////////////////////////
// include C++ stream header

#include <iostream.h>

//////////////////////////////
// include location.h which
// contains class definition
// for Location

#include "location.h"

//////////////////////////
// program start

void main()
{
//////////////////////////////
// Print program greeting using
// standard C I/O

cout << '\n';                              // newline
cout << '\n';                              // newline
cout << "************************";        // print
cout << '\n';                              // newline
cout << "*                      *";       // print
cout << '\n';                              // newline
cout << "*  Location Class Demo  *";      // print
cout << '\n';                              // newline
cout << "*      And C++ I/O      *";      // print
cout << '\n';                              // newline
cout << "*                      *";       // print
cout << '\n';                              // newline
cout << "************************";        // print
cout << '\n';                              // newline
cout << '\n';                              // newline

//////////////////////////////
//
// Declare LOC1 Location class
// and set X value to 1991
// and Y value to 2004
Location LOC1(1991,2004);

//////////////////////////////
//
// Use C++ I/O cout function
// to report X & Y values in
```

```
// Location Class LOC1

cout << "Value X = " << LOC1.getX();
cout << '\n';                              // newline
cout << "Value Y = " << LOC1.getY();
cout << '\n';                              // newline

////////////////////////////////
// Reset LOC1 X & Y values
//

LOC1.Reset(313,1969);

////////////////////////////////
//
// Use C++ I/O cout function
// to report X & Y values in
// Location Class LOC1

cout << '\n';                              // newline
cout << "Value X = " << LOC1.getX();
cout << '\n';                              // newline
cout << "Value Y = " << LOC1.getY();
cout << '\n';                              // newline

//////////////////////////
// final words

cout << '\n';                              // newline
cout << "That's all folks!";              // final goodbye
cout << '\n';                              // newline
}
```

and press Enter. Running PROG5.EXE will produce identical results to those of running PROG4.EXE. By comparing PROG4.CPP (FIG. 2-6) and PROG5.CPP (FIG. 2-7) you'll wade deeper into the increasingly comfortable C++ waters.

Figure 2-8 presents the source code listing to PROG6.CPP. This program uses ANSI standard C and C++ to replicate the results of PROG4.EXE and PROG5.EXE. This program, however, uses direct video access to report information to the screen instead of the previously used ANSI standard C or C++ screen I/O.

Let's compile PROG6.CPP. From the command line type

    cc prog6

and press Enter. To create PROG6.EXE, from the command line type

    ccl prog6

and press Enter.

As you might notice, using direct video access for screen writes creates very snappy results. Let's compare the file sizes for PROG4.EXE, PROG5.EXE, and PROG6.EXE.

```
//////////////////////////////////////
//
// prog6.cpp
//
// Demonstrates the use of base class
// Location and direct video
//
//////////////////////////////////////

/////////////////////////////
// include standard I/O and
// memory C header files

#include <stdio.h>
#include <memory.h>
#include <dos.h>

/////////////////////////////
// include class definitions

#include "attribut.h"  // attribute class
#include "location.h"  // location class

/////////////////////////////
// delcare clear space buffer

char buf32[80] = {
    32,32,32,32,32,32,32,32,32,32,
    32,32,32,32,32,32,32,32,32,32,
    32,32,32,32,32,32,32,32,32,32,
    32,32,32,32,32,32,32,32,32,32,
    32,32,32,32,32,32,32,32,32,32,
    32,32,32,32,32,32,32,32,32,32,
    32,32,32,32,32,32,32,32,32,32,
    32,32,32,32,32,32,32,32,32,32 };

/////////////////////////////
// include wtext.c which
// contains the source for
// the direct screen text
// write

#include "wtext.c"


/////////////////////////
// program start

void main()
{
union REGS ir,or;
int row;
char buffer[25];

/////////////////////////////////
// declare attribute structure
// with WHITE foreground and
```

```
// BLACK backround

Attribute A1(WHITE,BLACK);

/////////////////////////////
// clear the screen

for(row=0; row<25; row++)
   wtext(row,0,80,buf32,A1.Original());

/////////////////////////////
// Print program greeting using
// direct video

wtext(0,0,25,"************************",A1.Original());
wtext(1,0,25,"*                      *",A1.Original());
wtext(2,0,25,"*  Location Class Demo *",A1.Original());
wtext(3,0,25,"*        And C I/O     *",A1.Original());
wtext(4,0,25,"*                      *",A1.Original());
wtext(5,0,25,"************************",A1.Original());

/////////////////////////////
//
// Declare LOC1 Location class
// and set X value to 1991
// and Y value to 2004

Location LOC1(1991,2004);

/////////////////////////////
//
// Use direct video function
// to report X & Y values in
// Location Class LOC1

memset(buffer,32,25);
sprintf(buffer,"Value X = %d",LOC1.getX()); // call Location method
wtext(7,0,25,buffer,A1.Original());
memset(buffer,32,25);
sprintf(buffer,"Value Y = %d",LOC1.getY()); // call Location method
wtext(8,0,25,buffer,A1.Original());

/////////////////////////////
// Reset LOC1 X & Y values
//

LOC1.Reset(313,1969);

/////////////////////////////
//
// Use direct video function
// to report X & Y values in
// Location Class LOC1

memset(buffer,32,25);
sprintf(buffer,"Value X = %d",LOC1.getX()); // call Location method
wtext(10,0,25,buffer,A1.Original());
memset(buffer,32,25);
sprintf(buffer,"Value Y = %d",LOC1.getY()); // call Location method
wtext(11,0,25,buffer,A1.Original());
```

```
////////////////////////
// final words

wtext(13,0,17,"That's all folks!",A1.Original());

////////////////////////
// move the cursor to
// row 19, column 0

ir.h.ah = 2;        // set cursor position
ir.h.bh = 0;        // page 0
ir.h.dh = 19;       // row 19
ir.h.dl = 0;        // column 0
int86(0x10,&ir,&or); // via BIOS int 10H
}
```

Filename	Size	Type
PROG4.EXE	6598 bytes	ANSI C standard screen I/O
PROG5.EXE	10990 bytes	Turbo C++ screen I/O
PROG6.EXE	7444 bytes	Direct Video I/O

As you can see, using Turbo C++ screen I/O routines will cost memory. Does the increase in program size balance against your need for a small snappy performing executable? You must make this choice.

The derived Cursor class

In the case of this chapter, the derived Cursor class inherits both data and member methods from the base Location class. Figure 2-9 presents the source code listing to CURSOR.H, the Cursor class definition; and FIG. 2-10 presents the source code listing to CURSOR.CPP, the Cursor class member

2-9 Source code definition of CURSOR.H.

```
///////////////////////////////////////
//
// cursor.h
//
// Cursor Class definition
//
///////////////////////////////////////

class Cursor : public Location {
protected:              // allows access to private data
    unsigned char top;      // cursor scan top
    unsigned char bottom;   // row location
    unsigned char Srow;     // save row lcoation
    unsigned char Scol;     // save column location
    unsigned char Stop;     // save cursor shape
    unsigned char Sbot;     // restore cursor shape
    int oldX;               // col column location
    int oldY;               // old row location
```

```
    int oldTop;              // old scan top
    int oldBottom;           // old scan bottom
public:                                 // methods declared public
    Cursor(                             // declare Cursor
        unsigned char tscan,            // top scan line
        unsigned char bscan);           // bottom scan line
    void MoveTo(                        // move cursor
        int row,                        // move cursor to row
        int column);                    // move cursor to column
    void Size(int t,int b);             // resize cursor top & bottom
    void MoveRelativeTo(                // move cursor relative
        int row,                        // move cursor to row
        int column);                    // move cursor to column
    int GetRow() { return X; }          // return X value
    int GetColumn() { return Y; }       // return X value
    void SaveLocation(void);            // save cursor location
    void RestoreLocation(void);         // save cursor location
    void SaveSize(void);                // save cursor size
    void RestoreSize(void);             // restore cursor size
    void Show(void);                    // show cursor
    void Hide(void);                    // hide cursor
};
```

2-10 Source code listing of CURSOR.CPP.

```
///////////////////////////////////////
//
// cursor.cpp
//
// Cursor class methods
//
///////////////////////////////////////

/////////////////////////
// include dos.h header
// for BIOS invocations

#include <dos.h>

/////////////////////////
// include derived
// cursor class
// and base location
// class definitions

#include "location.h"
#include "cursor.h"

///////////////////////////////////////
//
// Cursor(...)
//
// Initializes cursor class. The cursor
// is not physically changed or moved.
// The cursor class is enabled with the
// MoveTo(int ror, into col) method.
//
///////////////////////////////////////
```

```
Cursor::Cursor(
                unsigned char tscan,       // scan top
                unsigned char bscan ) :    // scan bottom
        Location(0,0)                      // default values
{
///////////////////////////
// set top scan row

top = tscan;

///////////////////////////
// set bottom scan row

bottom = bscan;

};

/////////////////////////////////////
//
// MoveTo(...)
//
// Move cursor to designated row and
// column screen location
//
/////////////////////////////////////

void Cursor::MoveTo(int row,int column)
{
union REGS ir,or;

//////////////////////
// set cursor size

ir.h.ah = 0x01;

//////////////////////
// set cursor top scan

ir.h.ch = (unsigned char)top;

//////////////////////
// set cursor bot scan

ir.h.cl = (unsigned char)bottom;

//////////////////////
// invoke BIOS & change
// cursor size

int86(0x10,&ir,&or);

//////////////////////
// set X & Y in base
// location class

X = row;

Y = column;
```

```
/////////////////////////
// set cursor location

ir.h.ah = 0x02;

/////////////////////////
// set page 0

ir.h.bh = 0;

/////////////////////////
// set cursor row

ir.h.dh = (unsigned char)X;

/////////////////////////
// set cursor column

ir.h.dl = (unsigned char)Y;

/////////////////////////
// invoke BIOS & change
// cursor location

int86(0x10,&ir,&or);

};

/////////////////////////////////////////
//
// MoveRelativeTo(...)
//
// Move cursor to designated row and
// column screen location relative
// to the current cursor location.
//
/////////////////////////////////////////

void Cursor::MoveRelativeTo(int row,int column)
{
union REGS ir,or;

/////////////////////////
// adjust X & Y in base
// location class

X += row;

Y += column;

/////////////////////////
// set cursor location

ir.h.ah = 0x02;

/////////////////////////
// set page 0

ir.h.bh = 0;

/////////////////////////
```

2-10 Continued.
```
// set cursor row

ir.h.dh = (unsigned char)X;

/////////////////////////
// set cursor column

ir.h.dl = (unsigned char)Y;

/////////////////////////
// invoke BIOS & change
// cursor location

int86(0x10,&ir,&or);

};


/////////////////////////////////////
//
// SaveLocation(...)
//
// Saves the cursor location
// memory.
//
/////////////////////////////////////

void Cursor::SaveLocation()
{
union REGS ir,or;

/////////////////////////
// set cursor location

ir.h.ah = 0x03;

/////////////////////////
// set page 0

ir.h.bh = 0;

/////////////////////////
// invoke BIOS & get
// cursor location

int86(0x10,&ir,&or);

/////////////////////////
// save cursor row

Srow = (unsigned char)or.h.dh;

/////////////////////////
// save cursor column

Scol = (unsigned char)or.h.dl;

};

/////////////////////////////////////
```

```
//
// RestoreLocation(...)
//
// Restores the cursor location
// previously saved to memory.
//
////////////////////////////////////

void Cursor::RestoreLocation()
{
union REGS ir,or;


////////////////////////
// set cursor location

ir.h.ah = 0x02;

////////////////////////
// set page 0

ir.h.bh = 0;

////////////////////////
// set cursor row

ir.h.dh = (unsigned char)Srow;

////////////////////////
// set cursor column

ir.h.dl = (unsigned char)Scol;

////////////////////////
// invoke BIOS & change
// cursor location

int86(0x10,&ir,&or);

};


////////////////////////////////////
//
// SaveSize(...)
//
// Saves cursor size
//
////////////////////////////////////

void Cursor::SaveSize()
{
union REGS ir,or;

////////////////////////
// get cursor size

ir.h.ah = 0x03;

////////////////////////
// set page 0
```

```
ir.h.bh = 0;

/////////////////////////
// invoke BIOS & change
// cursor size

int86(0x10,&ir,&or);

/////////////////////////
// get cursor top scan

Stop = (unsigned char)or.h.ch;

/////////////////////////
// set cursor bot scan

Sbot = (unsigned char)or.h.cl;

};

/////////////////////////////////////
//
// RestoreSize(...)
//
// Restores previously saved cursor
// size
//
/////////////////////////////////////

void Cursor::RestoreSize()
{
union REGS ir,or;

/////////////////////////
// set cursor size

ir.h.ah = 0x01;

/////////////////////////
// set page 0

ir.h.bh = 0;

/////////////////////////
// set cursor top scan

ir.h.ch = (unsigned char)Stop;

top = (unsigned char)Stop;

/////////////////////////
// set cursor bot scan

ir.h.cl = (unsigned char)Sbot;

bottom = (unsigned char)Sbot;

/////////////////////////
// invoke BIOS & change
```

```
                          // cursor size

                          int86(0x10,&ir,&or);

                          };

                          ////////////////////////////////////
                          //
                          // Hide(...)
                          //
                          // Hide the displayed cursor
                          //
                          ////////////////////////////////////

                          void Cursor::Hide()
                          {
                          union REGS ir,or;

                          //////////////////////////
                          // get cursor size

                          ir.h.ah = 0x03;

                          //////////////////////////
                          // set page 0

                          ir.h.bh = 0;


                          //////////////////////////
                          // invoke BIOS & get
                          // cursor size

                          int86(0x10,&ir,&or);

                          //////////////////////////
                          //// enable bit:
                          //
                          //    CH
                          // --------
                          // 00100000
                          //
                          // of CH to hide cursor

                          ir.h.ch = or.h.ch | 0x20;

                          //////////////////////////
                          // adjust top scan value
                          // in class data in case
                          // of MoveTo method call

                          top |= 0x20;

                          //////////////////////////
                          // set cursor size

                          ir.h.ah = 0x01;

                          //////////////////////////
                          // invoke BIOS & hide
```

2-10 Continued.

```
// cursor

int86(0x10,&ir,&or);


};


//////////////////////////////////////
//
// Show(...)
//
// Show the displayed cursor
//
//////////////////////////////////////

void Cursor::Show()
{
union REGS ir,or;

//////////////////////////
// get cursor size

ir.h.ah = 0x03;

//////////////////////////
/// set page 0

ir.h.bh = 0;


//////////////////////////
// invoke BIOS & get
// cursor size

int86(0x10,&ir,&or);

//////////////////////////
// disable bit:
//
//     CH
// --------
// 11011111
//
// of CX to show cursor

ir.h.ch = or.h.ch & 0xdf;

//////////////////////////
// adjust top scan value
// in class data in case
// of MoveTo method call

top &= 0xdf;

//////////////////////////
// show cursor size

ir.h.ah = 0x01;
```

```
///////////////////////
// invoke BIOS & hide
// cursor

int86(0x10,&ir,&or);

};

/////////////////////////////////////
//
// Size(...)
//
// Change the displayed cursor's size
//
/////////////////////////////////////

void Cursor::Size(int t,int b)
{
union REGS ir,or;

///////////////////////
// set data in class

top = (unsigned char)t;

bottom = (unsigned char)b;

///////////////////////
// set cursor size

ir.h.ah = 0x01;

///////////////////////
// set cursor top scan

ir.h.ch = (unsigned char)top;

///////////////////////
// set cursor bot scan

ir.h.cl = (unsigned char)bottom;

///////////////////////
// invoke BIOS & change
// cursor size

int86(0x10,&ir,&or);

};
```

methods. Note that the listing presented in FIG. 2-10 is somewhat longer than the listings presented at this time in your reading. Please take your time when you enter some of the longer source listings.

Let's compile CURSOR.CPP. From the command line, type

```
cc cursor
```

and press Enter. Now let's add CURSOR.OBJ to our TABCPP.LIB class
library file. From the command line, type

    addlib cursor

and press Enter.

Figure 2-11 presents the source code listing to the Cursor class demon-
stration program PROG7.CPP. This program demonstrates how to control
the text cursor using the Cursor class member methods.

2-11 Source code listing of PROG7.CPP.

```cpp
//////////////////////////////////////////
//
// prog7.cpp
//
// Demonstrates the use of base class
// Location and derived cursor class
//
//////////////////////////////////////////

/////////////////////////////
// include C++ I/O and
// C header files

#include <iostream.h>
#include <conio.h>      // for getch(...)

/////////////////////////////
// include class definitions

#include "location.h"  // location class (base)
#include "cursor.h"    // cursor class    (derived)

//////////////////////////
// clear data

char buf32[80] = {
    32,32,32,32,32,32,32,32,32,32,
    32,32,32,32,32,32,32,32,32,32,
    32,32,32,32,32,32,32,32,32,32,
    32,32,32,32,32,32,32,32,32,32,
    32,32,32,32,32,32,32,32,32,32,
    32,32,32,32,32,32,32,32,32,32,
    32,32,32,32,32,32,32,32,32,32,
    32,32,32,32,32,32,32,32,32,32 };

//////////////////////////
// include wtext.c

#include "wtext.c"

//////////////////////////
// program start

void main()
{
int row;
```

```
///////////////////////
// clear the screen
// using the NORMAL
// fore     = WHITE
// back     = BLACK
// intense = OFF
// blink    = OFF

for(row=0; row<25; row++)
    wtext(row,0,80,buf32,7);

///////////////////////
// declare cursor class
// with top and bottom
// scan rows for cursor
//
// Color Block
// -----------
// size (0,7) = TEXT
//
// Color Block
// -----------
// size (0,12) = TEXT

Cursor C1(0,7);

///////////////////////
// move cursor to row
// 0 and column 0

C1.MoveTo(0,0);

///////////////////////
// C++ I/O prints text
cout << "Block Cursor starts print at => ";

cout << "C1 Row = " << C1.GetRow();
cout << " Column = " << C1.GetColumn();


///////////////////////
// wait here

getch();

///////////////////////
// move C1 cursor 1 row
// down and one column
// right

C1.MoveRelativeTo(1,1);

///////////////////////
// C++ I/O prints text

cout << "Block Cursor starts print at => ";
cout << "C1 Row = " << C1.GetRow();
cout << " Column = " << C1.GetColumn();

///////////////////////
// wait here
```

```
getch();

//////////////////////
// move C1 cursor to
// row += 1, column -= 1

C1.MoveRelativeTo(1,-1);

//////////////////////
// C++ I/O prints text 8

cout << "Block Cursor starts print down one left one => ";
cout << "C1 Row = " << C1.GetRow();
cout << " Column = " << C1.GetColumn();

//////////////////////
// wait here

getch();

//////////////////////
// declare cursor class
// C2 with underline
// cursor

Cursor C2(6,7);

//////////////////////
// move C2 cursor to
// row 5, column 20

C2.MoveTo(4,0);

//////////////////////
// C++ I/O prints text

cout << "Underline Cursor C2 Activated!!";

//////////////////////
// move cursor to row
// 10 column 10

C2.MoveTo(6,0);

///////////////////////////
// save C2 cursor location

C2.SaveLocation();

//////////////////////
// C++ I/O prints text

cout << "Saved Location 6,0 => Press any key to continue...";

//////////////////////
// wait here

getch();
```

```
///////////////////////
// move cursor to row
// 7 column 0

C2.MoveTo(6,0);

///////////////////////
// C++ I/O prints text

cout << "Press key to restore cursor to 6,0...            ";

///////////////////////
// wait here

getch();


///////////////////////
// move cursor to row
// 6 column 0

C2.MoveTo(6,0);

///////////////////////
// C++ I/O prints text

cout << "The cursor has been restored to 6,0...           ";

///////////////////////////
// restore C2 cursor location

C2.RestoreLocation();

///////////////////////
// wait here

getch();

///////////////////////
// declare cursor class

Cursor C3(0,7);

///////////////////////
// move C3 cursor to
// 9,0

C3.MoveTo(9,0);

///////////////////////
// C++ I/O prints text

cout << "Press any key to hide the cursor...";

///////////////////////
// wait here

getch();

///////////////////////
```

2-11 Continued.

```
// hide the cursor

C3.Hide();

//////////////////////
// move C3 cursor to
// 10,0

C3.MoveTo(10,0);

//////////////////////
// C++ I/O prints text

cout << "Press any key to show the cursor...";

//////////////////////
// wait here

getch();

//////////////////////
// show the cursor

C3.Show();

//////////////////////
// save C3 cursor size

C3.SaveSize();

//////////////////////
// move C3 cursor to
// 12,0

C3.MoveTo(12,0);

//////////////////////
// C++ I/O prints text

cout << "Block cursor size has been saved & changed to a Bar.";

//////////////////////
// change cursor C3
// to a bar

C3.Size(6,7);


//////////////////////
// move C3 cursor to
// 12,0

C3.MoveTo(13,0);

//////////////////////
// C++ I/O prints text

cout << "Press any key to restore Block cursor to C3...";
```

```
/////////////////////////
// wait here

getch();

/////////////////////////
// restore previousls
// saved cursor size

C3.RestoreSize();

/////////////////////////
// move C3 cursor to
// 16,0

C3.MoveTo(16,0);

/////////////////////////
// C++ I/O prints text

cout << "Press any key to return to DOS...";

/////////////////////////
// wait here

getch();

/////////////////////////
// move the cursor to
// the bottom of the
// screen

C2.MoveTo(23,0);
}
```

Let's compile PROG7.CPP. From the command line, type

cc prog7

and press Enter.

Now let's create the executable program PROG7.EXE. From the command line, type

ccl prog7

and press Enter. PROG7.EXE now exists in your current working directory. Run it to see the Cursor class member methods in action.

Summary

The C programming language permits you to collect functions and place them in what is called a C library. The C programmer can incorporate library functions into their programs. The C++ programming language permits you to collect class-type objects and place them into a class library. The C++ programmer can incorporate class-type library objects into their programs. Library usage facilitates the creation of re-usable code.

C++, however, goes one step further than C by allowing one class-type object to inherit the data and member methods of another class-type object. The class-type object that has the data and member methods to be inherited is called the base class, and the class-type object doing the inheriting is called the derived class.

Chapter 2 began the library building in earnest by creating a library called TABCPP.LIB. Three classes were added to this library. They were

Attribute class
Location class (base class for Cursor class)
Cursor class (derived class from Location class)

Let's have a look at the contents of TABCPP.LIB. I use a batch file to create the library listings presented in this book. The batch file's name is MAKELIST.BAT. Here it is:

tlib tabcpp,lib.lst

When MAKELIST.BAT executes, it places the library listing information in a file called LIB.LST. Let's get a current library status listing. From the command line, type

makelist

and press Enter. Figure 2-12 presents the listing to TABCPP.LIB.

The C++ class library building process has begun!

2-12 TABCPP.LIB library listing.

```
Publics by module

ATTRIBUT    size = 455
    Attribute::Attribute(unsigned char,unsigned char)
    Attribute::Reset(unsigned char,unsigned char)

CURSOR      size = 660
    Cursor::Cursor(unsigned char,unsigned char)
    Cursor::Hide()
    Cursor::MoveRelativeTo(int,int)
    Cursor::MoveTo(int,int)
    Cursor::RestoreLocation()
    Cursor::RestoreSize()
    Cursor::SaveLocation()
    Cursor::SaveSize()
    Cursor::Show()
    Cursor::Size(int,int)

LOCATION    size = 91
    Location::Location(int,int)
    Location::Modify(int,int)
    Location::Reset(int,int)
```

3
Utilizing your printer in C++

Now that we've begun building a C++ class library it's time to add more classes. In Chapters 3 through 9, you'll be adding one class to the library per chapter. Chapter 3 presents the Printer class, which has been designed to facilitate communication with your printer.

I've included three demonstration programs in Chapter 3. Figure 3-3 presents the source code listing to PROG8.CPP. This program performs in the same fashion as CONDENSE.ASM, which I included in Windcrest/ McGraw Hill's *Object-Oriented Programming in Assembly* (Windcrest #3620). This program receives parameters from the command line and then tells an Epson printer to turn on or off the condense printing mode. (I always print my listings in the condense mode).

Figure 3-5 presents the source code listing to PROG9.CPP. This program demonstrates many uses of the Printer class member methods. It has been designed to work with an Epson printer. If you own another printer, feel free to adjust the printer command codes to match those of your printer. Your printer's command codes are presented in the printer's manual.

Figure 3-6 presents the source code listing to PROG10.CPP. This program takes a file name as a parameter from the command line, places the Epson printer in the condense-on mode, and sends the listing to the printer. This program, however, skips over the page separating perforations and prints the file name and page number as a header on every page. I now use this program to print all of my program listings.

The Printer class

Figure 3-1 presents the source code listing to PRINTER.H. This file contains the Printer class definition. Figure 3-2 presents the source code listing to PRINTER.CPP. This file contains the source code for the Printer class member methods.

3-1 Source code listing of PRINTER.H.

```
/////////////////////////////////////
//
// Printer.h
//
// Printer Class definition
//
/////////////////////////////////////

class Printer {              // printer class
    int number;              // printer number
    int status;              // printer return status
public:                      // methods become public
    Printer(                 // Printer constructor
        int num);            // initialize printer # num
    void Initialize();       // re-initialize printer
    void GetStatus();        // get printer status
    void WriteChar(          // write character to printer
        char cval);          // character to write
    void WriteText(          // write string of text
        char *string,int l); // string to write
    void LineFeed();         // send line feed to printer
    void CarriageReturn();   // send CR to printer
    void NewLine();          // send NL to printer
    void FormFeed();         // send FF to printer
    void PrintScreen();      // print screen via BIOS int 5h
    void SetColumn(int n);   // set printer to specified column
            int Error();             // 1=printer error,0=no error
    int Status() { return (int)status; } // return printer status
    int Number() { return number; }      // return printer number
};
```

3-2 Source code listing of PRINTER.CPP.

```
/////////////////////////////////////
//
// printer.cpp
//
// Printer class methods
//
/////////////////////////////////////

/////////////////////////
// include DOS header
// for BIOS interface

#include <dos.h>
```

```
////////////////////////
// include printer class
// definition file

#include "printer.h"

/////////////////////////////////////
//
// Printer(...) (constructor)
//
// Initialize printer of specified
// number
//
/////////////////////////////////////

Printer::Printer(int num)
{
union REGS ir,or;

////////////////////////
// set private printer
// class data

number = num;

};

/////////////////////////////////////
//
// Initialize(...)
//
// Initialize printer via
// function 0x01 of BIOS int
// 17H
//
/////////////////////////////////////

void Printer::Initialize()
{
union REGS ir,or;

////////////////////////
// set private printer
// class data

////////////////////////
// initialize printer

ir.h.ah = 0x01;

ir.x.dx = number;

////////////////////////
// via BIOS int 17H

int86(0x17,&ir,&or);

////////////////////////
// set status variable
```

3-2 Continued.

```
status = (int)or.h.ah;

};

/////////////////////////////////////
//
// GetStatus(...)
//
// Get current printer status on
// specified printer number
//
/////////////////////////////////////

void Printer::GetStatus()
{
union REGS ir,or;

////////////////////////
// set private printer
// class data

////////////////////////
// get printer status

ir.h.ah = 0x02;

ir.x.dx = number;

////////////////////////
// via BIOS int 17H

int86(0x17,&ir,&or);

////////////////////////
// set status variable

status = (int)or.h.ah;

};

/////////////////////////////////////
//
// WriteChar(...)
//
// Sends byte to printer
// specified printer number
//
/////////////////////////////////////

void Printer::WriteChar(char cval)
{
union REGS ir,or;

////////////////////////
// set private printer
// class data

////////////////////////
// char to be printed
```

```
                    // goes into AL

                    ir.h.al = cval;

                    /////////////////////////
                    // write char

                    ir.h.ah = 0x00;

                    ir.x.dx = number;

                    /////////////////////////
                    // via BIOS int 17H

                    int86(0x17,&ir,&or);

                    /////////////////////////
                    // set status variable

                    status = (int)or.h.ah;

                    };

                    /////////////////////////////////////////
                    //
                    // WriteText(char *string,int length)
                    //
                    // Write string of text to the printer.
                    // If length==0 then stop print at
                    //     NULL
                    // If length>0 the print length
                    //     number of bytes
                    //
                    /////////////////////////////////////////

                    void Printer::WriteText(char *string,int l)
                    {
                    int counter;

                    /////////////////////////
                    // if length is 0
                    // the print string
                    // until NULL

                    if(!l)
                        {
                        while(*string!=0)
                            Printer::WriteChar(*string++);
                        }

                    /////////////////////////
                    // else length is
                    // greater than 0 so
                    // print length number
                    // of characters in the
                    // string

                    else
                        {
```

3-2 Continued.

```
    for(counter=0; counter<1; counter++)
        Printer::WriteChar(*string++);
    }
};

/////////////////////////////////////
//
// LineFeed(...)
//
// Send Line Feed (10) to printer
//
/////////////////////////////////////

void Printer::LineFeed()
{
Printer::WriteChar(10);
};

/////////////////////////////////////
//
// CarriageReturn(...)
//
// Send CR (13) to printer
//
/////////////////////////////////////

void Printer::CarriageReturn()
{
Printer::WriteChar(13);
};

/////////////////////////////////////
//
// NewLine(...)
//
// Send CR & LF to printer
//
/////////////////////////////////////

void Printer::NewLine()
{
Printer::WriteChar(13);
Printer::WriteChar(10);
};

/////////////////////////////////////
//
// FormFeed(...)
//
// Send FF (12) to printer
//
/////////////////////////////////////

void Printer::FormFeed()
{
Printer::WriteChar(12);
};
```

```
/////////////////////////////////////
//
// PrintScreen(...)
//
// Print the screen via BIOS interrupt
// 5H
//
/////////////////////////////////////

void Printer::PrintScreen()
{
union REGS ir,or;

/////////////////////////
// invoke BIOS interrupt
// 05H for print screen

int86(0x05,&ir,&or);

};

/////////////////////////////////////
//
// SetColumn(...)
//
// Send Print head to specified column
//
/////////////////////////////////////

void Printer::SetColumn(int n)
{
int counter;

/////////////////////////
// send carriage to
// column 0 via CR

Printer::CarriageReturn();

/////////////////////////
// send column to loc-
// ation by sending
// specified number of
// spaces to the printer

for(counter=0; counter<n; counter++)
   Printer::WriteChar(' ');

};

/////////////////////////////////////
//
// Error(...)
//
// Examines status and returns
//
// 1 on printer error
// 0 on printer OK
//
/////////////////////////////////////
```

3-2 Continued.

```
int Printer::Error()
{
int counter;

/////////////////////////
// Printer timeout

if( status & 1)
        return 1;

/////////////////////////
// Printer I/O error

if(status & 8)
        return 1;

/////////////////////////
// Printer out of paper

if(status & 32)
        return 1;

/////////////////////////
// Printer busy

if(!(status&128))
        return 1;

/////////////////////////
// Printer status OK

return 0;
};
```

Let's compile PRINTER.CPP. From the command line, type

cc printer

and press Enter. Now let's add PRINTER.OBJ to our TABCPP.LIB class library. From the command line, type

addlib printer

and press Enter. Now the Printer class has been added to your class library. Figure 3-3 presents the source code listing to PROG8.CPP. This demonstration sets an Epson printer's condense mode on or off. Figure 3-4 presents the object-oriented assembly version of the same program.

Which program's source do you find more readable?

```
///////////////////////////////////
//
// prog8.cpp
//
// Epson Condense Utility
//
///////////////////////////////////

//////////////////////
// include C++ I/O
// header

#include <iostream.h>
#include <stdlib.h>
#include <string.h>

//////////////////////
// program definitions

#define CONDENSE_ON      1
#define CONDENSE_OFF     2
#define CONDENSE_STATUS 3
#define EP_CONDENSE_ON  15
#define EP_CONDENSE_OFF 18

//////////////////////
// include printer class

#include "printer.h"

//////////////////////
//
// begin main program

void main(int argc,char *argv[])
{
int value;
int report;
int select=0;

//////////////////////
// print program title
// using C++ I/O

cout << "\n\nEPSON Printer Utility C++ Demo Program\n\n";

//////////////////////
// check to see of there
// are the correct number
// of parameters

if(argc != 2)
{
// print usage information

cout << "\nCommand Line Syntax:\n";
cout << "    prog8 /on  -> turn on Epson condense mode\n";
cout << "    prog8 /off -> turn off Epson condense mode\n";
```

```
    cout << "        prog8 /status -> ascertain printer status\n\n";

    // exit to DOS

    exit(0);
    }

/////////////////////////
// turn parameter to
// upper case

strupr(argv[1]);

/////////////////////////
// is first parameter
// /ON ?

value = strcmp(argv[1],"/ON");

if(value==0)
    {
    select = CONDENSE_ON;
    cout << "Epson Condense Mode On\n";
    cout << "---------------------------\n";
    }

/////////////////////////
// is first parameter
// /OFF?

value = strcmp(argv[1],"/OFF");

if(value==0)
    {
    select = CONDENSE_OFF;
    cout << "Epson Condense Mode Off\n";
    cout << "----------------------\n";
    }

/////////////////////////
// is first parameter
// /STATUS?

value = strcmp(argv[1],"/STATUS");

if(value==0)
    {
    select = CONDENSE_STATUS;
    cout << "Printer Status Report\n";
    cout << "--------------------\n";
    }

/////////////////////////
// has select been set?

switch(select)
    {
    case CONDENSE ON:
```

```
      case CONDENSE_OFF:
      case CONDENSE_STATUS:
         break;
      default:
         // print usage information

         cout << "\nCommand Line Syntax:\n";
         cout << "     prog8 /on   -> turn on Epson condense mode\n";
         cout << "     prog8 /off -> turn off Epson condense mode\n";
         cout << "     prog8 /status -> ascertain printer status\n\n";

         // exit to DOS

         exit(0);

         break;
   }

//if((select!=CONDENSE_ON)&&(select!=CONDENSE_OFF))
//   {
//   // print usage information
//
//   cout << "\nusage: prog8 [</on>,</off>,</?>]\n\n";
//
//   // exit to DOS
//
//   exit(0);
//   }

/////////////////////////
// declare P1 printer
// class

Printer P1(0);

/////////////////////////
// get current printer
// status

P1.GetStatus();

/////////////////////////
// Print status report
// by getting printer
// status value

report = P1.Status();

/////////////////////////
// is printer timed out?


if(report & 1)
   {
   /////////////////////////
   // report error type

   cout << "ERROR -> Printer Timeout\n";

   }
```

3-3 Continued.

```
/////////////////////
// is printer I/O error?


if(report & 8)
    {
    /////////////////////
    // report error type

    cout << "ERROR -> Printer I/O Error\n";

    }


/////////////////////
// is printer selected?


if(report & 16)
    cout << "Printer Selected\n";


/////////////////////
// is printer out of
// paper?


if(report & 32)
    {
    /////////////////////
    // report error type

    cout << "ERROR -> Out of paper\n";

    }

/////////////////////
// is printer acknowledge?


if(report & 64)
    cout << "Acknowledge\n";

/////////////////////
// is printer timed out?

if(report & 128)
    cout << "Printer NOT busy\n";
else
    {
    /////////////////////
    // report error type

    cout << "Printer busy\n";

    }


/////////////////////
```

```
// if printer error
// detected send the
// message

if(P1.Error())
    {
    cout << "\n\n** Printer Error Detected. \n";
    cout << "** Printer Change Not Enabled. \n\n";
    }

/////////////////////////
// No printer error
// detected so report
// change to printer

else
    {
    switch(select)
        {
        case CONDENSE_ON:
            P1.WriteChar(EP_CONDENSE_ON);
            cout << "Condense ON selected\n\n";
            break;
        case CONDENSE_OFF:
            P1.WriteChar(EP_CONDENSE_OFF);
            cout << "Condense OFF selected\n\n";
            break;
        }
    }
}
```

3-4 Source code listing of CONDENSE.ASM.

```
;----------------------------------------
;
; File Name: CONDENSE.ASM
;
; by Len Dorfman
;
; OOPS demonstration program which
; shows how to:
;    1) get and test command line parameters
;    2) print strings to the screen
;    3) send bytes to the printer
;    4) check and report printer status
;


;
INCLUDE SMALL.MAC

COND_ON     EQU     15
COND_OFF    EQU     18


;
; 1) Set up MS standard segment ordering
; 2) Model small
; 3) Stack size default (100h)
;
```

```
    START_EXE_PROGRAM

;----------------------------------------
;
; Declare the data segment
;

    DECLARE_SEGMENT_DATA

;
; program help
;

mess1    DB    10,13,10,13,10,13
    DB    'EPSON Printer Utility OOPS '
    DB    'Demo Program',10,13,0
mess2    DB    10,13,0
messnp   DB    10,13,'Command Line Syntax:'
    DB    10,13,'    condense /on  '
    DB    '-> turn on Epson condense mode'
    DB    10,13,'    condense /off '
    DB    '-> turn off Epson condense mode'
    DB    10,13,'    condense /status '
    DB    '-> ascertain printer status',10,13,0

;
; Messages of condense on/off selected
;

messc    DB   10,13,'Select Epson Condense Mode',0
messon   DB   10,13,'Epson Condense Mode On',0
messoff  DB   10,13,'Epson Condense Mode Off',0

;
; Printer status messages
;

pstat0    DB    10,13,'Printer Status Report',0
pdash     DB    10,13,'---------------------',0
pstat1    DB    10,13,'ERROR -> Printer Timeout',0
pstat8    DB    10,13,'ERROR -> Printer I/O error',0
pstat16   DB    10,13,'Printer Selected',0
pstat32   DB    10,13,'ERROR -> Out of paper',0
pstat64   DB    10,13,'Acknowledged',0
pstat128  DB    10,13,'Printer NOT busy',0
pstat128a DB    10,13,'Printer busy',0

pstatus DW    ?
ptotal   DW    ?
pchar    DW    ?

;
; data describing the parameter strings
;

p1    DB    '/ON',0
p2    DB    '/OFF',0
p3    DB    '/STATUS'
p00   DB    '/lpt0',0
```

```
p01     DB      '/lpt1',0
p02     DB      '/lpt2',0
p03     DB      '/lpt3',0
p?      DB      '/?',0

ps      DW      ?

;-------------------------------------
;
; Start the EXE code segment
; -- program begins here --
;

    START_EXE_CODE

;
; initialize the oops video structure
;

    initialize_video

;
; Write program title line to screen
;

    write_screen_string mess1

;
; retrieve the number of command line parameters
;

    GET_PARAMETER_COUNT     [ptotal]

;
; if parameter count == 0 then print help message
;

IF_FALSE FM1,[ptotal]
   write_screen_string messnp
   jmp    no_param
END_IF   FM1

;
; if parameter 1 == /? then print help message
;

   COMPARE_PARAMETER 1,p?,2
IF_TRUE FM?,RET_VAL
   write_screen_string messnp
   jmp    no_param
END_IF   FM?

;
; if parameter total > 1 then print help message
;

IF_GT   FM2,[ptotal],1
   write_screen_string messnp
   jmp    no_param
END_IF FM2
```

3-4 Continued.

```
;
; if parameter 1 is /ON then
;

   COMPARE_PARAMETER 1,p1,3
IF_TRUE FM3,RET_VAL
   write_screen_string      messc
   write_screen_string      pdash
   call                     printer_status
   IF_TRUE FM3A,RET_VAL
   jmp    no_param
   END_IF   FM3A
   write_screen_string      messon
   print_character          0,COND_ON
END_IF    FM3


;
; If parameter 1 is /OFF then
;

   COMPARE_PARAMETER 1,p2,4
IF_TRUE FM4,RET_VAL
   write_screen_string      messc
   write_screen_string      pdash
   call                     printer_status
   IF_TRUE FM4A,RET_VAL
   jmp    no_param
   END_IF   FM4A
   write_screen_string      messoff
   print_character          0,COND_OFF
END_IF   FM4


;
; If parameter 1 is /STATUS then
;

   COMPARE_PARAMETER 1,p3,6
IF_TRUE FM5,RET_VAL
   write_screen_string      pstat0
   write_screen_string      pdash
   call                     printer_status
END_IF   FM5


;
; End of program -> write
; carriage return and line feed
; to the screen
;

no_param:

   write_screen_string mess2


;
; Quit EXE program and return to DOS
;

   QUIT_EXE_TO_DOS
```

```
;
; Start a new procedure:
;
; Get printer status and test each
; bit and report the result to the screen
;

START_PROCEDURE printer_status

;
; Set error flag for no error
;   0 => no error
;   1 => error
;

    mov   ps,0                    ; test all OK

;
; Get the printer status
;

    get_print_status    0

;
; Place status byte in memory
;

    mov   [pstatus],RET_VAL

;
; Test bit 0 of status byte
;

    test  [pstatus],1
    jz    tp8
    write_screen_string    pstat1
    mov   ps,1
tp8:

;
; Test bit 3 of status byte
;

    test   [pstatus],8
    jz    tp16
    write_screen_string    pstat8
    mov   ps,1
tp16:

;
; Test bit 4 of status byte
;

    test   [pstatus],16
    jz    tp32
    write_screen_string    pstat16
tp32:

;
; Test bit 5 of status byte
;
```

```
    test    [pstatus],32
    jz    tp64
    write_screen_string    pstat32
    mov    ps,1
tp64:

;
; Test bit 6 of status byte
;


    test    [pstatus],64
    jz    tp128
    write_screen_string    pstat64
tp128:

;
; Test bit 7 of status byte
;


    test    [pstatus],128
    jz    tpend
    write_screen_string    pstat128
    jmp    tpok
tpend:
    write_screen_string    pstat128a
    mov    ps,1
tpok:

;
; Move statur error byte to AX and return
;

    mov    AX,ps

END_PROCEDURE printer_status

    END_EXE_PROGRAM                ; end of EXE source (set
                                   ; default program start to
                                   ;


;---------------------------------------
```

Let's compile PROG8.CPP. From the command line, type

cc PROG8

and press Enter. Now let's create the PROG8.EXE executable program. From the command line, type

ccl prog8

and press Enter.

Figure 3-5 presents the source code listing to PROG9.CPP. This program demonstrates one way to send formatted output to your printer.

```
/////////////////////////////////////
//
// prog9.cpp
//
// Demonstrates the use of some
// printer class functions
//
/////////////////////////////////////

/////////////////////////
// include printer class
// and location class

#include "location.h"
#include "printer.h"

#define EP_CONDENSE_ON  15
#define EP_CONDENSE_OFF 18

void main()
{
int counter;

/////////////////////////
// declare printer class
// for printer number
// 0

Printer P1(0);

/////////////////////////
// set epson codense on

P1.WriteChar(EP_CONDENSE_ON);

/////////////////////////
// move print head to
// column 5

P1.SetColumn(5);

/////////////////////////
// print message

P1.WriteText("Printer Demo PROG9.CPP",0);

/////////////////////////
// newline

P1.NewLine();

/////////////////////////
// move print head to
// column 6

P1.SetColumn(6);
```

```
////////////////////////
// print message

P1.WriteText("Printer Demo PROG9.CPP",0);

////////////////////////
// newline

P1.NewLine();

////////////////////////
// move print head to
// column 7

P1.SetColumn(7);

////////////////////////
// print message

P1.WriteText("Printer Demo PROG9.CPP",0);

////////////////////////
// newline

P1.NewLine();

////////////////////////
// 2 newlines

P1.NewLine();
P1.NewLine();

////////////////////////
// print 5 vertical Xs
// at column 40

for(counter=0; counter<5; counter++)
    {
    ////////////////
    // new line

    P1.NewLine();

    ////////////////////////
    // move print head to
    // column 40

    P1.SetColumn(40);

    ////////////////////////
    // Print X

    P1.WriteChar('X');
    }

////////////////////////
// turn condense mode
// off

P1.WriteChar(EP_CONDENSE_OFF);
```

```
///////////////////////
// 5 new lines

for(counter=0; counter<5; counter++)

///////////////////////////
// new line

  P1.NewLine();

///////////////////////////
// print All Done!
// message (only first
// 9 characters)


P1.WriteText("ALL DONE!xxxxxxx",9);

///////////////////////////
// send form feed to the
// printer

P1.FormFeed();

}
```

Let's compile and link PROG9.CPP. From the command line, type

cc prog9

and press Enter. From the command line, type

ccl prog9

and press Enter.

Running PROG9.EXE demonstrates how to move the printer head about the page to create formatted printer output.

File Print utility in C++ (v1.0)

Figure 3-6 presents the source code listing to PROG10.CPP. This program performs the following operations in this order:

1. Reads a file name from the command line.
2. Sets an Epson printer to condense on.
3. Prints a page header (filename and page number).
4. Prints page of text.
5. If file print all done, goto 7.
6. If file print not done, skip perforation and goto 3.
7. Sets Epson printer to condense off.
8. All done.

PROG10.CPP presented in FIG. 3-6 is a first-generation file print utility program. There will be an upgrade of this program presented in FIG. 4-5

```
///////////////////////////////////
//
// prog10.cpp
//
// File Print Utility Version 1.0
//
// Open a file, print a file, close a
// file demo.
//
///////////////////////////////////

///////////////////////
// program defines

#define EP_CONDENSE_ON  15
#define EP_CONDENSE_OFF 18

///////////////////////
// include files for
// C++ I/O and Printer
// class

#include <iostream.h>
#include <fstream.h>
#include <stdlib.h>

#include "printer.h"

///////////////////////
// include standard
// library file for
// exit(...)

#include <stdlib.h>

///////////////////////
// begin program here

void main(int argc,char *argv[])
{
char ch,buffer[10];
int value,eflag=0;
int row_ctr=0;
int page_number=1;
char *cptr;

///////////////////////
// print greeting

cout << "\n\n";
cout << "WINDCREST C++ Print Utility Demo Ver. 1.0";
cout << "\n\n";

///////////////////////
// count arguments

if(argc!=2)
   {
```

```
        cout << "SYNTAX: prog10 <filename.ext>";
        cout << "\n\n";
        exit(0);
        }

////////////////////////
// open file for
// input file stream
//
// declare ifstream
// class F1

ifstream F1(argv[1]);

////////////////////////
// declare printer class
// P1

Printer P1(0);

////////////////////////
// set printer to
// condense mode

P1.WriteChar(EP_CONDENSE_ON);

////////////////////////
// if file not found
// print error message
// and exit

if(!F1)
    {
    cout << "** ERROR: File named " << argv[1] << " not found";
    cout << "\n\n";
    exit(0);
    }

////////////////////////
// report the file open

cout << "File named " << argv[1] << " successfully opened!\n";

////////////////////////
// print file name at
// page top

P1.WriteText("File Named: ",0);
P1.WriteText(argv[1],0);

////////////////////////
// print page number

P1.SetColumn(60);
P1.WriteText("Page Number: ",0);
cptr = itoa(page_number,buffer,10);
P1.WriteText(cptr,0);

////////////////////////
// send two newlines to
```

3-6 Continued.

```
// the printer

P1.NewLine();
P1.NewLine();

//////////////////////
// begin file read and
// print

do
    {

    //////////////////////
    // get character from
    // the open file

    value = F1.get();

    //////////////////////
    // if value indicates
    // that the file has
    // ended

    if(value==EOF)
        {
        //////////////////////
        // print EOF message

        cout << "Print run for " << argv[1] << " finished!\n\n";
        cout << "\n";

        //////////////////////
        // set exit flag

        eflag=1;
        }

    //////////////////////
    // EOF not reached so
    // send the char to the
    // printer

else
    {
    //////////////////////
    // check to see if
    // row_ctr is at page
    // bottom

    if((row_ctr==58)&&(value==10))
        {
        row_ctr=0;

        P1.FormFeed();

        //////////////////////
        // print file name at
        // page top
```

```
        P1.WriteText("File Named: ",0);
        P1.WriteText(argv[1],0);

        ////////////////////////
        // print page number

        P1.SetColumn(60);
        P1.WriteText("Page Number: ",0);
        page_number++;
        cptr = itoa(page_number,buffer,10);
        P1.WriteText(cptr,0);

        P1.NewLine();
        P1.NewLine();
        }
    P1.WriteChar((char)value);

    ////////////////////////
    // increment row_ctr on
    // ascii carriage return

    if(value==10)
        row_ctr++;
    }

    }
    while(!eflag);


////////////////////////
// close the opened file

F1.close();

////////////////////////
// send a form feed to
// the printer

P1.FormFeed();

}
```

---

and FIG. 5-7. I do hope one of you will continue to build on the file print utility to create a commercial quality file print utility. If any of you do upgrade this program further, I'd love to see the product!

Let's compile and link PROG10.CPP. From the command line, type

```
cc prog10
```

and press Enter. From the command line, type

```
ccl prog10
```

and press Enter. PROG10.EXE should now be in your current working directory.

To use PROG10.EXE to print the PROG10.CPP listing simply type

prog10 prog10.cpp

and press Enter. If all goes well, PROG10.CPP will be sent to your printer.

Summary

In this chapter, you learned how simple it can be to send information to your printer using the Printer class member methods. Three programs showing Printer class member methods in action were demonstrated.

Figure 3-7 shows the current contents of your TABCPP.LIB C++ class library. Slowly but surely, your class library is becoming more and more functional.

3-7 TABCPP.LIB library listing.

```
Publics by module

ATTRIBUT    size = 455
    Attribute::Attribute(unsigned char,unsigned char)
    Attribute::Reset(unsigned char,unsigned char)

CURSOR      size = 660
    Cursor::Cursor(unsigned char,unsigned char)
    Cursor::Hide()
    Cursor::MoveRelativeTo(int,int)
    Cursor::MoveTo(int,int)
    Cursor::RestoreLocation()
    Cursor::RestoreSize()
    Cursor::SaveLocation()
    Cursor::SaveSize()
    Cursor::Show()
    Cursor::Size(int,int)

LOCATION    size = 91
    Location::Location(int,int)
    Location::Modify(int,int)
    Location::Reset(int,int)

PRINTER     size = 404
    Printer::Printer(int)
    Printer::CarriageReturn()
    Printer::Error()
    Printer::FormFeed()
    Printer::GetStatus()
    Printer::Initialize()
    Printer::LineFeed()
    Printer::NewLine()
    Printer::PrintScreen()
    Printer::SetColumn(int)
    Printer::WriteChar(char)
    Printer::WriteText(char near*,int)
```

4
Writing to the screen in C++

You can write to the text screen in your PC in three ways: through DOS, through the PC's BIOS, or directly to screen memory. For all commercial quality application programs, writing directly to screen memory is really the only viable choice.

Early on in the PC's history, using direct memory access for screen writes was often dubbed as risky. Who knew where oddball PC-compatible machines would stick video RAM? Because every commercial program would have to run on every PC, some early programs accessed the screen through BIOS or DOS. Goodness knows, though, their screen write performance suffered.

As there really does appear to be a text video standard at the time of this writing, I've decided to present only direct video memory access writes. Note that you must consider at least two text conditions. The 80×25 color text mode begins at segment 0×b800, and the 80×25 mono mode begins at 0×b000.

Certain programs designed for the 80×25 color text mode used the color video display card's paging system. The color text paging system allowed programmers to write text to hidden pages. BIOS routines have been written that flip a hidden page to the screen with impressive speed.

The 80×25 monochrome display card, however, doesn't have a page flipping facility. This shortcoming of the 80×25 monochrome card forced commercial programmers to write slightly more complex screen drivers than they might have had to if the monochrome cards had a page-flipping facility.

For purposes of the Screen class, I've decided to create its own page-buffering scheme. In fact, when you invoke the Screen constructor member method, it automatically discerns whether there is a monochrome card or color card attached to the computer. As all the page buffering is held in RAM, the page-flipping scheme works transparently to the programmer. In other words, if you write an application program with the C++ class library presented in this book, you may write one program for both color and monochrome video adapters without making special provision for either. The Screen class member methods take care of everything. When you peruse the SCREEN.CPP (see FIG. 4-3), you'll see how. Figure 4-4 presents the Screen class demonstration program PROG11.CPP.

Chapter 4 presents the Screen class, demonstration programs and also an update of the Print File Utility program presented in Chapter 3 (FIG. 3-6).

The Screen class

Figure 4-1 presents the source code listing to SCREEN.H class definition file. Figure 4-2 presents the source code listing to WGLOBAL.CPP. This source file contains global variables used by screen write member methods across different classes.

4-1   Source code listing of SCREEN.H.

```
//////////////////////////////////////
//
// screen.h
//
// Screen class
//
//////////////////////////////////////

class Screen {                          // class screen
    unsigned char attr;                 // default attribute
    unsigned int far *Page0;            // pointer to screen
    unsigned int far *Page1;            // pointer to page 1
    unsigned int far *Page2;            // pointer to page 2
    unsigned int far *Page3;            // pointer to page 3
public:                                 // methods are public
    Screen(                             // Screen constructor
        unsigned char sattr);           // default screen attribute
    void Attribute(                     // change screen with
        unsigned char attribute);       // specified attribute
    void Clear(                         // clear screen with
        unsigned char attribute);       // specified attribute
    void SelectPage(                    // select page number for
        int page_number);               // screen writes
    void CopyPage(                      // copy page images
        int dest,                       // distination page
        int srce);                      // source page
    void FlipPage(                      // flip designated back
        int p);                         // page to the screen
    void Save();                        // save disp screen image
    void Restore();                     // restore disp screen image
    void WriteChar(                     // write char to screen
        int row,                        // at specified row
```

```
                int col,                        // column
                char ch,                        // designated char
                unsigned char attribute);       // designated attribute
        int ReadChar(                           // read char & attribute
                int row,                        // at designated screen row
                int col);                       // and column
        void WriteText(                         // write string of text
                int row,                        // starting at row
                int col,                        // column location
                int length,                     // of length chars
                char *string,                   // from this string
                unsigned char attribute);       // using this attribute
        void ReadText(                          // read a string of text
                int row,                        // at this row
                int col,                        // and column
                int length,                     // of this length
                unsigned int *string);          // to this buffer
        void WriteString(                       // write a string of text
                int row,                        // at this row
                int col,                        // and column
                int length,                     // of this length
                char *string);                  // from this string
        void ReadString(                        // read a string of text
                int row,                        // from this row
                int col,                        // and column
                int length,                     // at this length
                char *string);                  // with this string
        void RepeatAttribute(                   // repeat an attribute
                int row,                        // at this row
                int col,                        // and column
                int length,                     // of this length
                unsigned char attribute);       // using this attribute
        void RepeatChar(                        // repeat this characterr
                int row,                        // starting at this row
                int col,                        // and column
                int number,                     // this number of bytes
                char ch,                        // with this character
                unsigned char attribute);       // and this attribute
        void WriteHBar(                         // write horizontal bar
                int row,                        // starting at this row
                int col,                        // and column
                int length,                     // of this length
                unsigned char attr);            // using this attribute
        void WriteVBar(                         // write a vertical bar
                int row,                        // starting at this row
                int col,                        // and column
                int length,                     // of length height
                unsigned char attr);            // using this attribute
        char ExtractChar(                       // extract char from 16 bit
                int token);                     // char & attr token
        unsigned char ExtractAttribute(         // extract attribute from 16 bit
                int token);                     // char & attr token
        unsigned char GetAttribute()            // get default screen attribute
                {return attr;}                  // return default attribute
        unsigned int far * getPage0()           // get page 0 pointer
                {return Page0;}                 // return Page0 ptr
        unsigned int far * getPage1()           // get page 1 pointer
                {return Page1;}                 // return Page1 ptr
        unsigned int far * getPage2()           // get page 2 pointer
                {return Page2;}                 // return Page2 ptr
```

```
    unsigned int far * getPage3()      // get page 3 pointer
        {return Page3;}                // return Page3 ptr
};
```

4-2 Source code listing of WGLOBAL.CPP.

```
/////////////////////////////////////
//
// wglobal.cpp
//
// Declateres globle variables used
// by the Windcrest Class libraries
//
/////////////////////////////////////


///////////////////////////
// Pointer ActivePage
// is points to the page
// for ALL screen writes
//
// ActivePage may point
// to the visible screen
// or one of the three
// back buffers

unsigned int far *ActivePage;


unsigned int bp[80*25];       // back page
unsigned int p1[80*25];       // page 1
unsigned int p2[80*25];       // page 2
unsigned int p3[80*25];       // page 3
```

Let's compile WGLOBAL.CPP. From the command line, type

```
cc wglobal
```

and press Enter.

Now let's add WGLOBAL.OBJ to our TABCPP.LIB class library file. From the command line, type

```
addlib wglobal
```

and press Enter.

Figure 4-3 presents the source code listing to SCREEN.CPP. Take care when entering this long source file.

Let's compile SCREEN.CPP. From the command line, type

```
cc screen
```

and press Enter.

```
/////////////////////////////////////
//
// screen.cpp
//
// Screen class methods
//
/////////////////////////////////////

#include <dos.h>
#include <mem.h>
#include <alloc.h>
#include "attribut.h"
#include "screen.h"

///////////////////////////
// variable ActivePage
// declared in file
// WGLOBAL.CPP

extern   unsigned int far *ActivePage;
extern   unsigned int bp[80*25];          // back page
extern   unsigned int p1[80*25];          // page 1
extern   unsigned int p2[80*25];          // page 2
extern   unsigned int p3[80*25];          // page 3

/////////////////////////////////////
//
// Screen(...) (constructor)
//
// Declare Screen class and
// fill pack pages with
// NORMAL attribute (7)
//
/////////////////////////////////////

Screen::Screen(unsigned char sattr)
{
///////////////////////////
// declare REGS structure
// for BIOS interface

union REGS ir,or;

///////////////////////////
// variables for screen
// initialization

int count;
int token;

///////////////////////////
// set ah register for
// int 10H BIOS
// invokation

ir.h.ah = 0x0f;        // get video mode to al register
int86(0x10,&ir,&or); // invoke BIOS int 10H
```

4-3 Continued.

```
////////////////////
// init screen pointer
// for mono or color

////////////////
// if mono display

if(or.h.al == 7)

    ///////////////////////
    // set screen pointer

    Page0 = (unsigned int far *)0x0b0000000L;

/////////////////////////
// else is color

else

    ///////////////////////
    // set screen pointer

    Page0 = (unsigned int far *)0x0b8000000L;

////////////////////////
// set page pointers
// to declared page
// buffers

Page1 = p1;
Page2 = p2;
Page3 = p3;

///////////////////////
// prepare 16 bit screen
// token with -
//
// SPACE for 8 bit char
// NORMAL for attribute
//
// foreground -> WHITE
// background -> BLACK
// blink      -> OFF
// intensity  -> OFF

token = ' '+(256*NORMAL);

//////////////////////
// initialize each
// back page char to
// SPACE and each back
// page attribute to
// NORMAL
//
// There are  80 chars
// on 25 rows

for(count=0; count<(80*25); count++)
    {
```

```
///////////////
// set page 1 char
// and attribute

p1[count] = token;

///////////////
// set page 2 char
// and attribute

p2[count] = token;

///////////////
// set page 3 char
// and attribute

p3[count] = token;
}

///////////////////////
// set global pointer
// to the active page
//
// There are other
// methods from other
// classes which will
// have to have access
// to the ActivePage
// pointer

ActivePage = Page0;

///////////////////////
// set default screen
// attribute

attr = sattr;
};

/////////////////////////////////////
//
// Attribute(...)
//
// Alter Page attributes without
// changing the character display
//
/////////////////////////////////////

void Screen::Attribute(unsigned char attribute)
{
unsigned char far *scrn;
int count;
long offset;

///////////////////////
// cast
//
// int far * to
// char far *
//
```

4-3 Continued.

```
// to address both
// Page char and
// attribute in as
// individuals

scrn = (unsigned char far *)ActivePage;

///////////////////////
// 80 characters by
// 25 rows

for(count=0; count<(80*25); count++)
        {
        ///////////////////////
        // bypass character

        *scrn++;

        ///////////////////////
        // alter attribute

        *scrn++ = (unsigned char)attribute;
        }
};

/////////////////////////////////////////
//
// Clear(...)
//
// Clears the screen page using a
// specified attribute
//
/////////////////////////////////////////

void Screen::Clear(unsigned char attribute)
{
unsigned char far *scrn;
int count;
long offset;

///////////////////////
// cast
//
// int far * to
// char far *
//
// to address both
// Page char and
// attribute in as
// individuals

scrn = (unsigned char far *)ActivePage;

///////////////////////
// 80 characters by
// 25 rows

for(count=0; count<(80*25); count++)
```

```
        {
        //////////////////////////
        // char = SPACE

        *scrn++ = ' ';

        //////////////////////////
        // alter attribute

        *scrn++ = (unsigned char)attribute;
        }
};

/////////////////////////////////////////
//
// SelectPage(...)
//
// Selects the page that Screen methods
// write to. Note: the display doesn't
// change when using method
// SelectPage(...).
//
/////////////////////////////////////////

void Screen::SelectPage(int page_number)
{
switch(page_number)
        {
    case 0:
        ActivePage = Page0;
        break;
    case 1:
        ActivePage = Page1;
        break;
    case 2:
        ActivePage = Page2;
        break;
    case 3:
        ActivePage = Page3;
        break;
        }
};

/////////////////////////////////////////
//
// CopyPage(...)
//
// Copies source page to destination
// page. The visible screen is not
// altered unless you set destination
// to 0.
//
/////////////////////////////////////////

void Screen::CopyPage(int dest, int srce)
{
unsigned int far *s;
unsigned int far *d;
register int counter;

switch(srce)
```

```
    {
    case 0:
      s = Page0;
      break;
    case 1:
      s = Page1;
      break;
    case 2:
      s = Page2;
      break;
    case 3:
      s = Page3;
      break;
    }

switch(dest)
    {
    case 0:
      d = Page0;
      break;
    case 1:
      d = Page1;
      break;
    case 2:
      d = Page2;
      break;
    case 3:
      d = Page3;
      break;
    }

for(counter=0; counter<(80*25); counter++)
    *d++ = *s++;
};

////////////////////////////////////////
//
// FlipPage(...)
//
// Flips the designated page to the
// visible screen. Note: The visible
// screen is NOT saved during the page
// flip operation. Take care to save
// the visible screen (Page 0) using
// CopyPage(...) or Save(...) if you
// don't want that screen data lost.
//
////////////////////////////////////////

void Screen::FlipPage(int p)
{
unsigned int far *s;
unsigned int far *d;
register int counter;

d = Page0;

switch(p)
    {
```

```
        case 1:
            s = Page1;
            break;
        case 2:
            s = Page2;
            break;
        case 3:
            s = Page3;
            break;
    }

    for(counter=0; counter<(80*25); counter++)
        *d++ = *s++;
};

//////////////////////////////////////
//
// Save(...)
//
// Save the screen image to the
// bp buffer
//
//////////////////////////////////////

void Screen::Save()
{
register int count;
unsigned int far *fptr;

//////////////////////////
// set fptr to screen

fptr = Page0;

//////////////////////////
// relocate 80 chars
// & attrs by 25 rows
// to the bp image
// buffer

for(count=0; count<(80*25); count++)

    //////////////////////
    // screen to buffer

    bp[count] = *fptr++;
};

//////////////////////////////////////
//
// Restore(...)
//
// Restore the previously saved
// screen image to the screen
//
//////////////////////////////////////

void Screen::Restore()
{
```

```
register int count;
unsigned int far *fptr;

/////////////////////
// set fptr to screen

fptr = Page0;

/////////////////////
// relocate 80 chars
// & attrs by 25 rows
// from the bp image
// buffer to screen

for(count=0; count<(80*25); count++)

    /////////////////////
    // buffer to screen

    *fptr++ = bp[count];

};

////////////////////////////////////
//
// WriteChar(...)
//
// Writes a character to the screen
// at a designated row and column
// location using a specified screen
// attribute
//
////////////////////////////////////


void Screen::WriteChar(int row,
          int col,
          char ch,
          unsigned char attr)
{
unsigned char far *scrn;
int count;
long offset;

/////////////////////
// cast
//
// int far * to
// char far *
//
// to address both
// Page char and
// attribute in as
// individuals

scrn = (unsigned char far *)ActivePage;

/////////////////////
// calculate page offset
```

```
                              // for char and attr
                              // placement

                              offset = (long)(row*160)+(col*2);

                              /////////////////////////
                              // add page offset to
                              // pointer

                              scrn = scrn + offset;

                              /////////////////////////
                              // move char to page

                              *scrn++ = ch;

                              /////////////////////////
                              // move attribute to
                              // page

                              *scrn++ = (unsigned char)attr;

                              };

                              /////////////////////////////////////////
                              //
                              // ReadChar(...)
                              //
                              // Reads a character and attribute
                              // from the screen at a specified
                              // screen location.
                              //
                              /////////////////////////////////////////

                              int Screen::ReadChar(int row,
                                        int col)
                              {
                              unsigned int far *scrn;
                              int count;
                              long offset;

                              /////////////////////////
                              // cast
                              //
                              // int far * to
                              // char far *
                              //
                              // to address both
                              // Page char and
                              // attribute in as
                              // individuals

                              scrn = (unsigned int far *)ActivePage;

                              /////////////////////////
                              // calculate page offset
                              // for char and attr
                              // placement

                              offset = (long)(row*160)+(col*2);
```

```
//////////////////////
// add page offset to
// pointer

scrn = scrn + offset;

//////////////////////
// return screen char
// and attribute

return (*scrn);

};

/////////////////////////////////////
//
// WriteText(...)
//
// Writes text to the screen
// at a designated row and column
// location using a specified screen
// attribute. If O number is specified
// for length then the text is written
// until the terminating NULL is found.
//
/////////////////////////////////////

void Screen::WriteText(int row,
          int col,
          int length,
          char *str,
          unsigned char attribute)
{
unsigned char far *scrn;
int count;
long offset;

//////////////////////
// cast
//
// int far * to
// char far *
//
// to address both
// Page char and
// attribute in as
// individuals

scrn = (unsigned char far *)ActivePage;

//////////////////////
// calculate page offset
// for char and attr
// placement

offset = (long)(row*160)+(col*2);

//////////////////////
// add page offset to
```

```
                    // pointer

                    scrn = scrn + offset;

                    ////////////////////////
                    // length is not 0 so
                    // print length number
                    // of chars and attrs

                    if(length!=0)
                        {
                        ////////////////////////
                        // write length number
                        // of chars and attrs

                        for(count=0; count<length; count++)
                            {
                            ////////////////////////
                            // move character
                            // to page

                            *scrn++ = *str++;

                            ////////////////////////
                            // move attribute
                            // to page

                            *scrn++ = (unsigned char)attribute;
                            }
                        }
                    else
                        {
                        ////////////////////////
                        // write chars & attrs
                        // until NULL char
                        // found

                        while(*str)
                            {

                            ////////////////////////
                            // move character
                            // to page

                            *scrn++ = *str++;

                            ////////////////////////
                            // move attribute
                            // to page

                            *scrn++ = (unsigned char)attribute;

                            }

                        }
                    };

                    /////////////////////////////////////////
                    //
                    // ReadText(...)
                    //
```

```
// Reads text from the screen
// at a designated row and column
// location.
//
///////////////////////////////////

void Screen::ReadText(int row,
          int col,
          int length,
          unsigned int *str)
{
unsigned int far *scrn;
int count;
long offset;

///////////////////////////
// cast
//
// int far * to
// char far *
//
// to address both
// Page char and
// attribute in as
// individuals

scrn = (unsigned int far *)ActivePage;

///////////////////////////
// calculate page offset
// for char and attr
// placement

offset = (long)(row*160)+(col*2);

///////////////////////////
// add page offset to
// pointer

scrn = scrn + offset;

///////////////////////////
// read length number
// of chars and attrs

///////////////////////////
// write length number
// of chars and attrs

for(count=0; count<length; count++)

    ///////////////////////////
    // move character and
    // attribute to str
    // buffer

    *str++ = *scrn++;

};
```

```
///////////////////////////////////
//
// WriteString(...)
//
// Writes string to the screen
// at a designated row and column
// location. The screen attribute
// remains unchanged. If 0 number is
// designated for length the string
// is written until a terminating NULL
// is found.
//
///////////////////////////////////

void Screen::WriteString(int row,
          int col,
          int length,
          char *str)
{
unsigned char far *scrn;
int count;
long offset;

////////////////////////
// cast
//
// int far * to
// char far *
//
// to address both
// Page char

scrn = (unsigned char far *)ActivePage;

////////////////////////
// calculate page offset
// for char
// placement

offset = (long)(row*160)+(col*2);

////////////////////////
// add page offset to
// pointer

scrn = scrn + offset;

////////////////////////
// length is not 0 so
// print length number
// of chars and attrs

if(length!=0)
   {
   ////////////////////////
   // write length number
   // of chars

   for(count=0; count<length; count++)
```

```
    {
    ///////////////////////
    // move character
    // to page

    *scrn++ = *str++;

    ///////////////////////
    // bypass attribute

    *scrn++;
    }
}
else
    {
    ///////////////////////
    // write chars
    // until NULL char
    // found

    while(*str)
        {

        ///////////////////////
        // move character
        // to page

        *scrn++ = *str++;

        ///////////////////////
        // bypass attribute

        *scrn++;

        }

    }
};

/////////////////////////////////////
//
// ReadString(...)
//
// Reads a string from the screen
// at a designated row and column
// location.
//
/////////////////////////////////////

void Screen::ReadString(int row,
            int col,
            int length,
            char *str)
{
unsigned char far *scrn;
int count;
long offset;

///////////////////////
```

```
// cast
//
// int far * to
// char far *
//
// to address both
// Page char and
// attribute in as
// individuals

scrn = (unsigned char far *)ActivePage;

////////////////////////
// calculate page offset
// for char and attr
// placement

offset = (long)(row*160)+(col*2);

////////////////////////
// add page offset to
// pointer

scrn = scrn + offset;

////////////////////////
// read length number
// of chars and

////////////////////////
// read length number
// of chars

for(count=0; count<length; count++)
    {
    ////////////////////
    // read character
    // from page

    *str++ = *scrn++;

    ////////////////////
    // bypass attribute

    *scrn++;
    }
};

////////////////////////////////////
//
// RepeatAttribute(...)
//
// Repeats Attribute to the screen
// at a designated row and column
// location.
//
////////////////////////////////////

void Screen::RepeatAttribute(int row,
            int col,
            int length,
```

```
              unsigned char attribute)
{
unsigned char far *scrn;
int count;
long offset;

//////////////////////
// cast
//
// int far * to
// char far *
//
// to address both
// Page char and
// attribute in as
// individuals

scrn = (unsigned char far *)ActivePage;

//////////////////////
// calculate page offset
// for char and attr
// placement

offset = (long)(row*160)+(col*2);

//////////////////////
// add page offset to
// pointer

scrn = scrn + offset;

//////////////////////
// length is not 0 so
// print length number
// of attrs

if(length!=0)
    {
    //////////////////////
    // write length number
    // of chars and attrs

    for(count=0; count<length; count++)
        {
        //////////////////////
        // byapss character

        *scrn++;

        //////////////////////
        // move attribute
        // to page

        *scrn++ = (unsigned char)attribute;
        }
    }
};
```

```
//////////////////////////////////
//
// RepeatChar(...)
//
// Repeat a designated Character
// starting at a specified screen
// location using a designated
// attribute.
//
//////////////////////////////////

void Screen::RepeatChar(int row,
          int col,
          int number,
          char ch,
          unsigned char attr)
{
unsigned char far *scrn;
int count;
long offset;

scrn = (unsigned char far *)ActivePage;
offset = (long)(row*160)+(col*2);
scrn = scrn + offset;
if(number!=0)
   {
   for(count=0; count<number; count++)
      {
      *scrn++ = ch;
      *scrn++ = (unsigned char)attr;
      }
   }
};

//////////////////////////////////
//
// WriteHBar(...)
//
// Writes a single horizontal bar
// starting at a designated row and
// column location of a specified
// length with a specified attribute.
//
//////////////////////////////////

void Screen::WriteHBar(int row, int col, int length, unsigned char attr)
{
Screen::RepeatChar(row,col,length,196,attr);
};

//////////////////////////////////
//
// WriteVBar(...)
//
// Writes a single Vertical bar
// starting at a designated row and
// column location of a specified
// length with a specified attribute.
//
//////////////////////////////////
```

4-3 Continued.

```
void Screen::WriteVBar(int row, int col, int length, unsigned char attr)
{
int start;

start = row;

while(row<(start+length))
    Screen::WriteChar(row++,col,179,attr);
};

//////////////////////////////////
//
// ExrtractChar(...)
//
// Extracts 8 bit character from 16
// bit screen token. The 16 bit token
// is returned by method ReadChar and
// is also returned in method
// ReadText(...)
//
// 16 Bit Screen Token
// +--------+--------+
// | Attrib |  Char  |
// +--------+--------+
// |76543210|76543210|
// +--------+--------+
//
//////////////////////////////////


char Screen::ExtractChar(int token)
{
//////////////////////
// return LSB (Least
// Significant Byte) -
// lower 8 bits of
// 16 bit token

return ((char)(token & 0x00ff));
};

//////////////////////////////////
//
// ExtractAttribute(...)
//
// Extracts 8 bit attribute from 16
// bit screen token. The 16 bit token
// is returned by method ReadChar and
// is also returned in method
// ReadText(...)
//
// 16 Bit Screen Token
// +--------+--------+
// | Attrib |  Char  |
// +--------+--------+
// |76543210|76543210|
// +--------+--------+
//
//////////////////////////////////
```

```
unsigned char Screen::ExtractAttribute(int token)
{

//////////////////////////
// return MSB (Most
// Significant Byte) -
// upper 8 bits of
// 16 bit token

return ((char)((token>>8) & 0x00ff));
};
```

Now, let's add SCREEN.OBJ to your TABCPP.LIB class library. From the command line, type

    addlib screen

and press Enter.

Figure 4-4 presents the source code listing to PROG11.CPP. This program demonstrates many uses of the Screen class member methods. As usual, it is heavily commented to facilitate your using Screen class member methods in your application programs.

Let's compile PROG11.CPP. From the command line, type

    cc prog11

and press Enter.

Now let's create the PROG11.EXE executable program. From the command line, type

    ccl prog11

4-4 Source code listing of PROG11.CPP.

```
///////////////////////////////////////
//
// prog11.cpp
//
// Demonstrates the use of the Screen
// class. These Screen class methods
// are demonstrated in this program:
//    Screen(...)
//    WriteChar(...)
//    WriteText(...)
//    Attribute(...)
//    Clear(...)
//    Save(...)
//    Restore(...)
//    GetAttribute(...)
//    SelectPage(...)
//    CopyPage(...)
//    FlipPage(...)
//
///////////////////////////////////////
```

```
/////////////////////
// include conio.h file
// for function getch()

#include <conio.h>

/////////////////////
// include Windcrest
// C++ class defs

#include "location.h"
#include "cursor.h"
#include "attribut.h"
#include "screen.h"

/////////////////////
// program start

void main()
{
char buff12[12];
unsigned char attr;
char ch;
int cval;

/////////////////////
// declare Cursor class

Cursor C1(6,7);

/////////////////////
// declare Attributes

Attribute A1(WHITE,BLUE);

Attribute A2(WHITE,RED);

Attribute A3(BLACK,WHITE);

/////////////////////
// declare screen class

Screen S1(A1.Original());

/////////////////////
// save the screen
// image

S1.Save();

/////////////////////
// save the cursor
// location and size

C1.SaveLocation();
C1.SaveSize();

/////////////////////
```

```
// hide the cursor

C1.Hide();

//////////////////////
// clear the screen
// using A1.Original()

S1.Clear(A1.Original());

//////////////////////
// test WriteChar(...)

S1.WriteChar(0,0,'X',A1.Inverse());

//////////////////////
// test WriteText(...)
// using length != 0

S1.WriteText(1,0,12,"Hello Chuck!",A1.Blink());

//////////////////////
// test WriteText(...)
// using length O= 0

S1.WriteText(2,0,0,"Hello Chuck!",A1.Intense());

//////////////////////
// test ReadString

S1.ReadString(2,0,12,buff12);

S1.WriteText(24,0,0,buff12,A2.Blink());


//////////////////////
// test
// WriteAttribute(...)

S1.RepeatAttribute(3,0,80,A2.Original());

//////////////////////
// test WriteHBar

S1.WriteHBar(23,0,80,A1.Original());

//////////////////////
// test WriteVBar

S1.WriteVBar(0,79,25,A1.Original());

//////////////////////
// test ReadChar

cval = S1.ReadChar(0,0);

//////////////////////
// Write cval to screen
//
// 16 bit char & attr
```

```
// transferred to
// 8 bit char
// and 8 bit unsigned
// char

ch = S1.ExtractChar(cval);

attr = S1.ExtractAttribute(cval);

S1.WriteChar(1,1,ch,attr);
S1.WriteChar(23,1,ch,attr);
S1.WriteChar(1,78,ch,attr);
S1.WriteChar(23,78,ch,attr);

/////////////////////////
// select page 1 for
// back write

S1.SelectPage(1);

/////////////////////////
// set page 1 to A3
// original

S1.Attribute(A3.Original());

/////////////////////////
// Write text to page 1

S1.WriteText(0,0,0,"Text on page 1",A1.Intense());
S1.WriteText(1,0,0,"Press any key to go to page 0",A1.Intense());


/////////////////////////
// select page 0 for
// back write

S1.SelectPage(0);

/////////////////////////
// copy page 0 to page 2

S1.CopyPage(2,0);

/////////////////////////
// test WriteText(...)
// using length 0= 0

S1.WriteText(5,0,0,"Press any Key to display page 1!!!",A1.Intense());

/////////////////////////
// wait for key press

getch();

/////////////////////////
// flip to page 1
```

```
S1.FlipPage(1);

/////////////////////////
// wait for key press

getch();

/////////////////////////
// since old page 0 has
// been copied to page
// two, flipping to
// page two restores
// page 0

/////////////////////////
// flip to page 0 via
// page 2

S1.FlipPage(2);

/////////////////////////
// print return to
// DOS message

S1.WriteText(24,0,0,"Press any Key to return to DOS",A1.Intense());

/////////////////////////
// wait for key press

getch();

/////////////////////////
// restore the
// previously saved
// screen image

S1.Restore();

/////////////////////////
// restore the cursor
// location and size

C1.RestoreLocation();
C1.RestoreSize();

/////////////////////////
// Show the cursor

C1.Show();

}
```

---

and press Enter. Running PROG11.EXE demonstrates the many uses of the Screen class member methods.

File print utility upgrade (v1.1)

Figure 4-5 presents the source code listing to PROG12.CPP. This program is the v1.1 upgrade of the print file utility program presented in Chapter 3 (PROG10.CPP, in FIG. 3-6). Version 1.1 adds the following features to the print file utility program:

- prettier screen display.
- emphasized print used in page header.
- replaces C++ screen I/O with Screen class member methods.
- displays the filename being printed.
- displays the line being printed.
- reports row number in file being printed.
- reports page number being printed.

When you run PROG12.EXE, I suspect that you'll begin to say things like "Say, why don't I add a file selection facility, or a language format facility, or . . ." Well, you get the idea. I do hope that PROG11.CPP is just a start for your TABCPP.LIB class library C++ play time.

4-5 Source code listing of PROG12.CPP.

```
/////////////////////////////////////////
//
// prog12.cpp
//
// File Print Utility Version 1.1
//
// Open a file, print a file, close a
// file demo.
//
//    Features Added to Version 1.1
// -------------------------------
// 1) Print page header in EMPHASIZE
//    print style
// 2) Display print page number
//    on screen
// 3) Display print row number
//    on page on screen
// 4) Display total print row
//    number on screen
// 5) Display line being printed
//    on screen
// 6) Pretty up display using
//    Screen class methods
//
/////////////////////////////////////////

////////////////////////////
// Epson defines

#define EP_CONDENSE_ON    15
#define EP_CONDENSE_OFF   18
#define EP_EMPHASIZE_ON   69
#define EP_EMPHASIZE_OFF  70
```

```
#define EP_ESCAPE          27

/////////////////////////
// include files for
// C++ I/O

#include <iostream.h>
#include <fstream.h>
#include <stdlib.h>
#include <mem.h>
#include <string.h>
#include <conio.h>

/////////////////////////
// include Windcrest
// class header files

#include "location.h"
#include "cursor.h"
#include "printer.h"
#include "attribut.h"
#include "screen.h"

/////////////////////////
// begin program here

void main(int argc,char *argv[])
{
char buff120[120];
char ch,buffer[10];
int value,eflag=0;
int row_ctr=0;
int page_number=1;
char *cptr;
int ctr1;
int ctr2;
int ctr3;

/////////////////////////////////////////
// Create main screen
// for version 1.1

/////////////////////////
// main screen attribute
//
// BLACK => foreground
// WHITE => background

Attribute A1(BLACK,WHITE);

/////////////////////////
// Error Attribute

Attribute A2(WHITE,RED);

/////////////////////////
// Print file update
// info attribute

Attribute A3(BLUE,WHITE);
```

4-5 Continued.

```
/////////////////////
// declare screen with
// using:
// BLACK => foreground
// WHITE => background

Screen S1(A1.Original());

/////////////////////
// declare printer class
// P1

Printer P1(0);

/////////////////////
// declare cursor

Cursor C1(6,7);

/////////////////////
// turn the cursor off

C1.Hide();


/////////////////////
// clear the screen
// using A1.Original()

S1.Clear(A1.Original());

/////////////////////
// Write program title
// on row 0

S1.WriteText(0,26,0,"File Print Utility  Ver. 1.1",A1.Original());

/////////////////////
// draw horizontal bar
// on row 1

S1.WriteHBar(1,0,80,A1.Original());

/////////////////////
// count arguments

if(argc!=2)
   {
   /////////////////////
   // print DOS exit message

   S1.WriteText(2,0,0," Press any key to return to DOS. ",A2.Intense());

   /////////////////////
   // top line of text block

   S1.WriteText(4,22,0,"                                ",A2.Intense());

   /////////////////////
```

```
                   // Error message in box

                   S1.WriteText(5,22,0," * Program Invocation Syntax Error   ",A2.Intense());

                   ///////////////////////////
                   // Blink star

                   S1.RepeatAttribute(5,23,1,A2.Blink());

                   ///////////////////////////
                   // print box next row

                   S1.WriteText(6,22,0,"                                    ",A2.Intense());

                   ///////////////////////////
                   // print syntax prompt

                   S1.WriteText(7,22,0,"   Syntax: prog12 <filename.exe>    ",A2.Intense());

                   ///////////////////////////
                   // print bottom box row

                   S1.WriteText(8,22,0,"                                    ",A2.Intense());

                   ///////////////////////////
                   // wait for key press

                   getch();

                   ///////////////////////////
                   // clear screen  with
                   // WHITE => foreground
                   // BLACK => background

                   S1.Clear(A1.Inverse());

                   ///////////////////////////
                   // show cursor

                   C1.Show();

                   ///////////////////////////
                   // exit to DOS

                   exit(0);
                   }

///////////////////////////
// open file for
// input file stream
//
// declare ifstream
// class F1

ifstream F1(argv[1]);


///////////////////////////
// set printer to
// condense mode
```

```
P1.WriteChar(EP_CONDENSE_ON);

////////////////////////
// if file not found
// print error message
// and exit

if(!F1)
    {
    ////////////////////////
    // print DOS exit message

    S1.WriteText(2,0,0," Press any key to return to DOS. ",A2.Intense());

    ////////////////////////
    // top line of text block

    S1.WriteText(4,22,0,"                              ",A2.Intense());

    ////////////////////////
    // Error message in box

    S1.WriteText(5,22,0," * ERROR - File Not Found        ",A2.Intense());

    ////////////////////////
    // Blink star

    S1.RepeatAttribute(5,23,1,A2.Blink());

    ////////////////////////
    // print box next row

    S1.WriteText(6,22,0,"                              ",A2.Intense());

    ////////////////////////
    // print file name
    // of file not found

    S1.WriteText(7,22,0," File Name:                  ",A2.Intense());

    ////////////////////////
    // alter -> attrubute

    S1.WriteText(7,34,0,argv[1],A2.Intense());

    ////////////////////////
    // print bottom box row

    S1.WriteText(8,22,0,"                              ",A2.Intense());

    ////////////////////////
    // wait for key press

    getch();

    ////////////////////////
    // clear screen  with
    // WHITE => foreground
    // BLACK => background
```

```
S1.Clear(A1.Inverse());

//////////////////////////
// show cursor

C1.Show();

//////////////////////////
// exit to DOS

exit(0);
}


//////////////////////////
// print file success
// on open message

//////////////////////////
// write File message

S1.WriteText(3,0,0,"-> File: ",A1.Original());

//////////////////////////
// write the file name
// passed from command
// line

S1.WriteText(3,9,0,argv[1],A1.Original());

//////////////////////////
// append successfully
// opened message

S1.WriteText(3,9+strlen(argv[1]),0," successfully opened!",A1.Original());

//////////////////////////
// alter attrbute of
// -> chars

S1.RepeatAttribute(3,0,2,A2.Inverse());

//////////////////////////
// turn on emphasized
// print

P1.WriteChar(EP_ESCAPE);
P1.WriteChar(EP_EMPHASIZE_ON);

//////////////////////////
// print file name at
// page top

P1.WriteText("File: ",0);
P1.WriteText(argv[1],0);

//////////////////////////
// print page number

P1.SetColumn(22);
P1.WriteText("Page #: ",0);
```

```
cptr = itoa(page_number,buffer,10);
P1.WriteText(cptr,0);

///////////////////////
// page number message

S1.WriteText(10,0,0,"Page #: ",A3.Original());

///////////////////////
// int to ascii for
// page number print

cptr = itoa(page_number,buffer,10);

S1.WriteText(10,8,0,cptr,A3.Original());

///////////////////////
// turn off emphasized
// print

P1.WriteChar(EP_ESCAPE);
P1.WriteChar(EP_EMPHASIZE_OFF);

///////////////////////
// send two newlines to
// the printer

P1.NewLine();
P1.NewLine();

///////////////////////
// set colum counter
// for the screen print
// to 0

ctr1 = 0;

///////////////////////
// set total char
// counter to 0

ctr2 = 0;

///////////////////////
// set total line
// counter to 0

ctr3 = 0;

///////////////////////
// begine file read and
// print

do
   {
   ///////////////////////
   // get character from
   // the open file
```

```
value = Fl.get();

///////////////////////
// if value indicates
// that the file has
// ended

  if(Fl.eof())
    {
    ///////////////////////
    // print File message

    Sl.WriteText(4,0,0,"-> File: ",Al.Original());

    ///////////////////////
    // file name from
    // command line to the
    // screen

    Sl.WriteText(4,9,0,argv[1],Al.Original());

    ///////////////////////
    // append successfully
    // printed message

    Sl.WriteText(4,9+strlen(argv[1]),0," successfully printed!",Al.Original());

    ///////////////////////
    // send a form feed to
    // the printer

    P1.FormFeed();

    ///////////////////////
    // print return to DOS
    // message

    Sl.WriteText(5,0,0,"-> Press Any Key to return to DOS",Al.Original());

    ///////////////////////
    // alter -> attributes

    Sl.RepeatAttribute(4,0,2,A2.Inverse());
    Sl.RepeatAttribute(5,0,2,A2.Inverse());

    ///////////////////////
    // wait for key press

    getch();

    ///////////////////////
    // set exit flag

    eflag=1;
    }

///////////////////////
// EOF not reached so
// send the char to the
// printer
```

```
else
    {
    /////////////////////////
    // check to see if
    // row_ctr is at page
    // bottom

    if(row_ctr==58 && value==10)
        {
        /////////////////////////
        // set row_ctr for new
        // page

        row_ctr=0;

        /////////////////////////
        // for feed for new page

        P1.FormFeed();

        /////////////////////////
        // turn on emphasized
        // print

        P1.WriteChar(EP_ESCAPE);
        P1.WriteChar(EP_EMPHASIZE_ON);

        /////////////////////////
        // print file name at
        // page top

        P1.WriteText("File: ",0);
        P1.WriteText(argv[1],0);

        /////////////////////////
        // print page number
        // set column to 22

        P1.SetColumn(22);

        /////////////////////////
        // page number message

        P1.WriteText("Page #: ",0);

        /////////////////////////
        // go to next page

        page_number++;

        /////////////////////////
        // int to ascii for
        // page number print

        cptr = itoa(page_number,buffer,10);

        /////////////////////////
        // print the page number
```

```
                    P1.WriteText(cptr,0);

                    ///////////////////////
                    // send two newlines to
                    // the printer

                    P1.NewLine();
                    P1.NewLine();

                    ///////////////////////
                    // turn off emphasized
                    // print

                    P1.WriteChar(EP_ESCAPE);
                    P1.WriteChar(EP_EMPHASIZE_OFF);
                    }

            ///////////////////////
            // send char byte to
            // the printer

            P1.WriteChar((char)value);

            ///////////////////////
            // print Char Total to
            // the screen

            S1.WriteText(11,0,0,"Char Total: ",A3.Original());

            ///////////////////////
            // int to ascii for
            // char number print

            cptr = itoa(ctr2,buffer,10);

            ///////////////////////
            // print the total char
            // number sent to the
            // printer

            S1.WriteText(11,12,0,cptr,A3.Original());

            ///////////////////////
            // increment total
            // char counter

            ctr2++;

            ///////////////////////
            // if value is
            // printable character
            // then send it to the
            // screen

            if( (value>=0x20)&&(value<=0x7d))

                ///////////////////////
                // yes - printable so
                // send it to the scrn

                S1.WriteChar(20,ctr1++,(char)value,A2.Inverse());
```

```
/////////////////////////
// increment row_ctr on
// ascii carriage return

if(value==10)
    {
    /////////////////////////
    // page number message

    S1.WriteText(10,0,0,"Page #: ",A3.Original());

    /////////////////////////
    // int to ascii for
    // page number print

    cptr = itoa(page_number,buffer,10);

    /////////////////////////
    // write ascii number to
    // screen

    S1.WriteText(10,8,0,cptr,A3.Original());

    /////////////////////////
    // write Line # message
    // to the screen

    S1.WriteText(12,0,0,"Line #: ",A3.Original());

    /////////////////////////
    // int to ascii for
    // char number print

    cptr = itoa(ctr3,buffer,10);

    /////////////////////////
    // print the line number

    S1.WriteText(12,8,0,cptr,A3.Original());

    /////////////////////////
    // erase previously
    // printed row of text

    S1.RepeatChar(20,0,80,' ',A3.Original());
    S1.RepeatChar(21,0,80,' ',A3.Original());

    /////////////////////////
    // increment row ctr
    // on page

    row_ctr++;

    /////////////////////////
    // increment total
    // line counter

    ctr3++;
```

```
        //////////////////////
        //
        ctrl = 0;
        }
    }
}

//////////////////////
// continue looping
// while eflag==0

    while(!eflag);

//////////////////////
// close the opened file

F1.close();

//////////////////////
// turn off condense

P1.WriteChar(EP_CONDENSE_OFF);

//////////////////////
// clear the screen

S1.Clear(A1.Inverse());

}
```

Let's compile PROG12.CPP. From the command line, type

    cc prog12

and press Enter.

Now let's create the executable program PROG12.EXE from PROG 12.OBJ. From the command line, type

    ccl prog12

and press Enter.

Let's print a listing of PROG12.CPP. From the command line, type

    prog12 prog12.cpp

and press Enter.

I think you'll be pleased with the printer's output.

Summary

Chapter 4 presented the Screen class. All Screen class member methods use the direct memory access method for screen writes. Writing to the screen via direct screen memory access produces the best results.

The Screen member method class constructor automatically adjusts variables accommodating for differences between 80×25 color and 80×25 monochrome text modes. A transparent color and monochrome text mode page flipping facility has been offered to ease writing single application programs for color and monochrome video adapters.

Your print file utility program now has a prettier display.

Figure 4-6 presents the TABCPP.LIB class library listing. With the completion of every chapter, your TABCPP.LIB listing gets larger. A larger class library means more functionality.

4-6 TABCPP.LIB library listing.

```
Publics by module

ATTRIBUT    size = 455
    Attribute::Attribute(unsigned char,unsigned char)
    Attribute::Reset(unsigned char,unsigned char)

CURSOR      size = 660
    Cursor::Cursor(unsigned char,unsigned char)
    Cursor::Hide()
    Cursor::MoveRelativeTo(int,int)
    Cursor::MoveTo(int,int)
    Cursor::RestoreLocation()
    Cursor::RestoreSize()
    Cursor::SaveLocation()
    Cursor::SaveSize()
    Cursor::Show()
    Cursor::Size(int,int)

LOCATION    size = 91
    Location::Location(int,int)
    Location::Modify(int,int)
    Location::Reset(int,int)

PRINTER     size = 466
    Printer::Printer(int)
    Printer::CarriageReturn()
    Printer::Error()
    Printer::FormFeed()
    Printer::GetStatus()
    Printer::Initialize()
    Printer::LineFeed()
    Printer::NewLine()
    Printer::PrintScreen()
    Printer::SetColumn(int)
    Printer::WriteChar(char)
    Printer::WriteText(char near*,int)

SCREEN      size = 1936
    Screen::Screen(unsigned char)
    Screen::Attribute(unsigned char)
    Screen::Clear(unsigned char)
    Screen::CopyPage(int,int)
    Screen::ExtractAttribute(int)
    Screen::ExtractChar(int)
    Screen::FlipPage(int)
    Screen::ReadChar(int,int)
    Screen::ReadString(int,int,int,char near*)
    Screen::ReadText(int,int,int,unsigned int near*)
```

```
Screen::RepeatAttribute(int,int,int,unsigned char)
Screen::RepeatChar(int,int,int,char,unsigned char)
Screen::Restore()
Screen::Save()
Screen::SelectPage(int)
Screen::WriteChar(int,int,char,unsigned char)
Screen::WriteHBar(int,int,int,unsigned char)
Screen::WriteString(int,int,int,char near*)
Screen::WriteText(int,int,int,char near*,unsigned char)
Screen::WriteVBar(int,int,int,unsigned char)

WGLOBAL     size = 16004
   _ActivePage
   _bp
   _p1
   _p2
   _p3
```

5

Creating boxes on the screen in C++

For purposes of this book, I will define a *box* as a rectangular region of the screen where the origin (row 0, column 0) is in the upper left hand corner of the screen. When the text write origin is defined as being at the upper left corner of the screen, the screen might be described as having a *global coordinate system*.

This stands in contrast to the window, which is defined as a bordered rectangular region of the screen where the origin is in the upper left hand corner of the window. When the text write origin is defined as being at the upper left corner of the screen, the screen might be described as having a *local coordinate system*.

Along with the Box class definition and source file for the member methods, this chapter also contains four Box class demonstration programs. Another upgrade of the now infamous file print utility is also included.

The Box **class**

Figure 5-1 contains the source code listing to BOX.H, while FIG. 5-2 contains the source code listing to BOX.CPP.

Let's compile BOX.CPP. From the command line, type

    cc box

and press Enter.

Now let's add BOX.OBJ to your TABCPP.LIB class library file. From the command line, type

    addlib box

and press Enter.

5-1 Source code listing of BOX.H.

```
/////////////////////////////////////
//
// box.h
//
// Box Class
//
/////////////////////////////////////

/////////////////////////
// box defines

#define BOX_IS_VISIBLE 1
#define BOX_IS_NOT_VISIBLE 0

class Box {
protected:
    unsigned int *box_image;        // pointer to box image
    unsigned int *screen_image;     // pointer to screen image
    int width;                      // box width
    int height;                     // box hox height
    int area;                       // area of box
    char ch;                        // screen char fills box
    unsigned char attr;             // screen attribute in box
    int upper_left_row;             // upper left row
    int upper_left_col;             // upper left column
    int lower_right_row;            // lower right row
    int lower_right_col;            // lower right column
    int visible;                    // box visible=1, not visible=0
public:                             // Box class methods
    Box(                            // Box constructor
            int ulr,                // upper left corner row
            int ulc,                // upper left corner column
            int lrr,                // lower right corner row
            int lrc,                // lower right corner column
            char chr,               // fill char for box
            unsigned char battr);   // fill attribute
    void Display(void);             // Display previously Removed box
    void Remove(void);              // Remove Displayed box
    void Save(void);                // save screen under box box
    void BSave(void);               // box visible box image
    void Restore(void);             // restore screen image
    void BRestore(void);            // restore box image
    void Destroy(void);             // frees memory for save & restore
    void ReSize(int horiz,int vert); // change box sixe
    void MoveRelativeTo(int r,int c); // box move relative to
    void MoveTo(int r,int c);       // move box to new row & col location
};
```

5-2 Source code listing of BOX.CPP.

```
/////////////////////////////////////
//
// box.cpp
//
// Box class methods
//
/////////////////////////////////////
```

```
///////////////////////
// include Box class
// definition

#include <alloc.h>
#include "box.h"

///////////////////////
// variable ActivePage
// declared in file
// WGLOBAL.CPP

extern   unsigned int far *ActivePage;

/////////////////////////////////////
//
// Box
//
// Declare Box instance
//
/////////////////////////////////////
Box::Box(int ulr,int ulc,int lrr,int lrc,char chr,unsigned char battr)
{
int size;
int row;
int column;
unsigned char far *scrn;
unsigned char far *dup_scrn;
int count;
long offset;


///////////////////////
// calculate box width

width = lrc - ulc + 1;

///////////////////////
// calculate box height

height = lrr - ulr + 1;

///////////////////////
// calculate box image
// area

area = width*height;

///////////////////////
// allocate memory for
// box_image

box_image = (unsigned int *)malloc(area*2);

///////////////////////
// allocate memory for
// screen_image

screen_image = (unsigned int *)malloc(area*2);
```

```
////////////////////////
// place box corner info
// in private data

upper_left_row = ulr;
upper_left_col = ulc;
lower_right_row = lrr;
lower_right_col = lrc;

////////////////////////
// store box fill char

ch = chr;

////////////////////////
// store fill box attr

attr = battr;

////////////////////////
// save screen image
// under box

Box::Save();

////////////////////////
// cast
//
// int far * to
// char far *
//
// to address both
// Page char and
// attribute in as
// individuals

dup_scrn = scrn = (unsigned char far *)ActivePage;

////////////////////////
// display the box row
// by row

for(row=upper_left_row; row<=lower_right_row; row++)

   {
   ////////////////////////
   // calculate page offset
   // for char and attr
   // placement

   offset = (long)(row*160);

   ////////////////////////
   // add page offset to
   // pointer

   scrn = dup_scrn + offset + (2*upper_left_col);

   ////////////////////////
```

```
                    // display the box
                    // column by column

                    for(column=upper_left_col; column <= lower_right_col; column ++)
                        {
                        /////////////////////////
                        // move char to page

                        *scrn++ = ch;

                        /////////////////////////
                        // move attribute to
                        // page

                        *scrn++ = (unsigned char)attr;
                        }
                    }

            /////////////////////////
            // box is visible

            visible = BOX_IS_VISIBLE;

            }


            /////////////////////////////////////////
            //
            // Display(...)
            //
            // Display box defined by Box
            // constructor
            //
            /////////////////////////////////////////

            void Box::Display()
            {
            /////////////////////////
            // if the box is not
            // visible then

            if(visible==BOX_IS_NOT_VISIBLE)
                {
                /////////////////////
                // save the screen
                // image to
                // memory

                Box::Save();

                /////////////////////
                // restore box image

                Box::BRestore();

                /////////////////////
                // set visible

                visible = BOX_IS_VISIBLE;
```

```
    }
};

////////////////////////////////////
//
// Remove(...)
//
// Remove box defined by Box
// constructor and restore
// original screen image
//
////////////////////////////////////

void Box::Remove()
{
////////////////////////
// if the box is not
// visible then

if(visible==BOX_IS_VISIBLE)
    {
    ////////////////////////
    // save box image

    Box::BSave();

    ////////////////////////
    // restore screen image

    Box::Restore();

    ////////////////////////
    // set visible flag

    visible = BOX_IS_NOT_VISIBLE;
    }
};

////////////////////////////////////
//
// Save(...)
//
// Save the image of a box specified
// by the box's upper left row and
// column and the box's lower right
// row and column location
//
////////////////////////////////////

void Box::Save()
{
int row;
int size;
int offset;
int ctr;
unsigned int *iptr;
unsigned int far *scrn_ptr;

////////////////////////
// set scrn ptr =
```

```
                    // ActivePage

                    scrn_ptr = ActivePage;

                    //////////////////////
                    // set iptr =
                    // screen_image

                    iptr = screen_image;

                    //////////////////////
                    // read screen image
                    // defined by box
                    // coordinates to memory

                    //////////////////////
                    // read by row

                    for(row=upper_left_row; row<=lower_right_row; row++)

                    {

                    //////////////////////
                    // calculate page offset
                    // for char and attr
                    // placement

                    offset = (long)(row*80);

                    //////////////////////
                    // add page offset to
                    // pointer

                    scrn_ptr = ActivePage + offset + (upper_left_col);

                    //////////////////////
                    // save the box
                    // column by column

                    for(ctr=0; ctr<width; ctr++)

                        //////////////////////
                        // move char & attr to
                        // screen_image

                        *iptr++ = *scrn_ptr++;

                    }
                };

//////////////////////////////////////
//
// BSave(...)
//
// Save the image of visible box specified
// by the box's upper left row and
// column and the box's lower right
// row and column location
//
//////////////////////////////////////
```

```
void Box::BSave()
{
int row;
int size;
int offset;
int ctr;
unsigned int *iptr;
unsigned int far *scrn_ptr;

/////////////////////////
// set scrn_ptr =
// ActivePage

scrn_ptr = ActivePage;

/////////////////////////
// set iptr =
// screen_image

iptr = box_image;

/////////////////////////
// read visible box
// image defined by box
// coordinates to memory

/////////////////////////
// read by row

for(row=upper_left_row; row<=lower_right_row; row++)

    {

    /////////////////////////
    // calculate page offset
    // for char and attr
    // placement

    offset = (long)(row*80);

    /////////////////////////
    // add page offset to
    // pointer

    scrn_ptr = ActivePage + offset + (upper_left_col);

    /////////////////////////
    // save the box
    // column by column

    for(ctr=0; ctr<width; ctr++)

        /////////////////////////
        // move char & attr to
        // screen_image

        *iptr++ = *scrn_ptr++;

    }
```

```
};

//////////////////////////////////
//
// Restore(...)
//
// Move screen image from screen_image
// to the visible screen
//
//////////////////////////////////

void Box::Restore()
{
int row;
int size;
int offset;
int ctr;
unsigned int *iptr;
unsigned int far *scrn_ptr;

//////////////////////////
// set scrn_ptr =
// ActivePage

scrn_ptr = ActivePage;

//////////////////////////
// set iptr =
// screen_image

iptr = screen_image;

//////////////////////////
// read screen image
// defined by box
// coordinates to memory

//////////////////////////
// write by row

for(row=upper_left_row; row<=lower_right_row; row++)

    {

    //////////////////////////
    // calculate page offset
    // for char and attr
    // placement

    offset = (long)(row*80);

    //////////////////////////
    // add page offset to
    // pointer

    scrn_ptr = ActivePage + offset + (upper_left_col);

    //////////////////////////
    // save the box
    // column by column
```

```
    for(ctr=0; ctr<width; ctr++)

        ///////////////////////
        // move char & attr to
        // screen_image

        *scrn_ptr++ = *iptr++;

    }

};

//////////////////////////////////////
//
// BRestore(...)
//
// Move screen image from box_image
// to the visible screen
//
//////////////////////////////////////

void Box::BRestore()
{
int row;
int size;
int offset;
int ctr;
unsigned int *iptr;
unsigned int far *scrn_ptr;

//////////////////////
// set scrn_ptr =
// ActivePage

scrn_ptr = ActivePage;

//////////////////////
// set iptr =
// box

iptr = box_image;

//////////////////////
// read screen image
// defined by box
// coordinates to memory

//////////////////////
// write by row

for(row=upper_left_row; row<=lower_right_row; row++)

    {

//////////////////////
// calculate page offset
// for char and attr
// placement
```

```
                    offset = (long)(row*80);

                    ////////////////////////
                    // add page offset to
                    // pointer

                    scrn_ptr = ActivePage + offset + (upper_left_col);

                    ////////////////////////
                    // save the box
                    // column by column

                    for(ctr=0; ctr<width; ctr++)

                        ////////////////////////
                        // move char & attr to
                        // screen_image

                        *scrn_ptr++ = *iptr++;

                    }

                };

///////////////////////////////////////
//
// Destroy(...)
//
// Frees memory pointed to by
//   box_image    &
//   screen_image
//
///////////////////////////////////////

void Box::Destroy()
{
free(box_image);
free(screen_image);
}

///////////////////////////////////////
//
// MoveRelativeTo(...)
//
// Moves box relative to current
// box location
//
///////////////////////////////////////

void Box::MoveRelativeTo(int r,int c)
{
if(visible==BOX_IS_VISIBLE)
    {
    ////////////////////////
    // remove box from
    // screen

    Box::Remove();

    ////////////////////////
    // adjust box coor-
```

```
    // dinates

    upper_left_row += r;
    upper_left_col += c;

    lower_right_row += r;
    lower_right_col += c;

    ////////////////////////
    // display box in new
    // location

    Box::Display();
    }
};

///////////////////////////////////////
//
// MoveTo(...)
//
// Moves box to new location
//
///////////////////////////////////////

void Box::MoveTo(int r,int c)
{
int row_offset,col_offset;


if(visible==BOX_IS_VISIBLE)
    {
    ////////////////////////
    // remove box from
    // screen

    Box::Remove();

    ////////////////////////
    // calculate new upper
    // left and lower right
    // box corner locations

    upper_left_row = r;
    upper_left_col = c;
    lower_right_row = r + height - 1;
    lower_right_col = c + width - 1;

    ////////////////////////
    // display box in new
    // location

    Box::Display();
    }
};
```

Figure 5-3 presents the source code listing to PROG13.CPP. This demonstration shows the Box class constructor in action.

Let's compile PROG13.CPP. From the command line, type

cc prog13

and press Enter.

Now let's link PROG13.OBJ with your TABCPP.LIB class library to create PROG13.EXE. From the command line, type

ccl prog13

and press Enter.

See how easy it is to highlight a rectangular region of the screen using the Box class? Box class methods can be used to spruce up the look of many programs.

5-3 Source code listing of PROG13.CPP.

```
/////////////////////////////////////
//
// prog13.cpp
//
// Demonstrates the use of
//  Box constructor
//
//
/////////////////////////////////////

///////////////////////////
// include (for getch)

#include <conio.h>

///////////////////////////
// include class defs

#include "attribut.h"
#include "location.h"
#include "screen.h"
#include "box.h"
#include "cursor.h"

void main()
{
///////////////////////////
// declare Attributes

Attribute A1(WHITE,BLUE);
```

```
///////////////////////
// declare screen class

Screen S1(A1.Original());

///////////////////////
// clear the screen

S1.Clear(A1.Original());

///////////////////////
// Box class is
// displayed

Box B1(4,        // upper left row -> 4
       10,       // upper left col -> 10
       12,       // lower right row -> 12
       50,       // lower right col -> 50
       '.',      // fill char = period
       A1.Inverse()); // box attr

///////////////////////
// print key press
// message

S1.WriteText(24,0,0,"Press any key to continue",A1.Intense());

///////////////////////
// wait here

getch();

///////////////////////
// clear the screen

S1.Clear(7);

}
```

Figure 5-4 presents the source code listing to PROG14.CPP. This demonstration program shows how to display and then remove a box using Box class methods.

5-4 Source code listing of PROG14.CPP.

```
/////////////////////////////////////
//
// prog14.cpp
//
// Demonstrates the use of
//   Box constructor
//   Display
//   Remove
//
```

```
//
///////////////////////////////////

/////////////////////////
// include (for getch)

#include <conio.h>

/////////////////////////
// include class defs

#include "attribut.h"
#include "location.h"
#include "screen.h"
#include "box.h"
#include "cursor.h"

void main()
{
/////////////////////////
// declare Attributes

Attribute A1(WHITE,BLUE);

/////////////////////////
// declare screen class

Screen S1(A1.Original());

/////////////////////////
// clear the screen

S1.Clear(A1.Original());

/////////////////////////
// Box class is
// displayed

Box B1(4,        // upper left row -> 4
       10,       // upper left col -> 10
       12,       // lower right row -> 12
       50,       // lower right col -> 50
       '.',      // fill char = period

       A1.Inverse()); // box attr

/////////////////////////
// print key press
// message

S1.WriteText(24,0,0,"Press any key to Remove Box ",A1.Intense());

/////////////////////////
// wait here

getch();

/////////////////////////
// remove box and
// restore screen
```

```
B1.Remove();

///////////////////////
// print key press
// message

S1.WriteText(24,0,0,"Press any key to Display Box",A1.Intense());

///////////////////////
// wait here

getch();

///////////////////////
// Display box and

B1.Display();

///////////////////////
// print key press
// message

S1.WriteText(24,0,0,"Press any key to Remove Box ",A1.Intense());

///////////////////////
// wait here

getch();

///////////////////////
// remove box and
// restore screen

B1.Remove();

///////////////////////
// print key press
// message

S1.WriteText(24,0,0,"Press any key to Display Box",A1.Intense());

///////////////////////
// wait here

getch();

///////////////////////
// restore box and

B1.Display();

///////////////////////
// print key press
// message

S1.WriteText(24,0,0,"Press any key to End Program",A1.Intense());

///////////////////////
// wait here
```

```
getch();

////////////////////////
// clear the screen

Sl.Clear(7);

}
```

Let's compile and link PROG14.CPP. From the command line, type

```
cc prog14
```

and press Enter.

From the command line, type

```
ccl prog14
```

and press Enter.

Figure 5-5 presents the source code listing to PROG15.CPP. This Box class demonstration program shows how to move a box around the screen while saving and restoring the original screen area under the box. Specifically, the Box class member method Box::MoveRelativeTo(. . .) is utilized to accomplish the box moves.

5-5   Source code listing of PROG15.CPP.

```
///////////////////////////////////////
//
// prog15.cpp
//
// Demonstrates the use of
//   Box constructor
//   MoveRelativeTo
//
//
//
///////////////////////////////////////

////////////////////////
// includes

#include <conio.h>
#include <dos.h>

////////////////////////
// include class defs

#include "attribut.h"
#include "location.h"
#include "screen.h"
#include "box.h"
#include "cursor.h"

void main()
```

```
{
int counter,r_offset=1,c_offset=1;

/////////////////////////
// declare Attributes

Attribute A1(WHITE,BLUE);

/////////////////////////
// declare screen class

Screen S1(A1.Original());

/////////////////////////
// clear the screen

S1.Clear(A1.Original());

/////////////////////////
// Box class is
// displayed

Box B1(0,        // upper left row -> 4
       10,       // upper left col -> 10
       8,        // lower right row -> 12
       50,       // lower right col -> 50
       '.',      // fill char = period
       A1.Inverse()); // box attr

/////////////////////////
// print key press
// message

S1.WriteText(24,0,0,"Press any key to Slide Box ",A1.Intense());

/////////////////////////
// wait here

getch();


/////////////////////////
// slide box

for(counter=0; counter<6; counter++)
   {
   B1.MoveRelativeTo(r_offset,c_offset);
   delay(100);
   }

/////////////////////////
// print key press
// message

S1.WriteText(24,0,0,"Press any key to End Program",A1.Intense());

/////////////////////////
// wait here
```

```
getch();

/////////////////////////
// clear the screen

S1.Clear(7);

}
```

Let's compile and link PROG15.CPP. From the command line, type

```
cc prog15
```

and press Enter.

From the command line, type

```
ccl prog15
```

and press Enter.

Figure 5-6 presents the source code listing to PROG16.CPP. This program specifically outlines the use of the Box class member method Box ::MoveTo(...).

5-6 Source code listing of PROG16.CPP.

```
/////////////////////////////////////////
//
// prog16.cpp
//
// Demonstrates the use of
//   Box constructor
//   MoveTo
//
//
/////////////////////////////////////////

/////////////////////////
// include (for getch)

#include <conio.h>

/////////////////////////
// include class defs

#include "attribut.h"
#include "location.h"
#include "screen.h"
#include "box.h"
#include "cursor.h"

void main()
{
/////////////////////////
// declare Attributes

Attribute A1(WHITE,BLUE);
```

5-6 Continued.

```
////////////////////////
// declare screen class

Screen S1(A1.Original());

////////////////////////
// clear the screen

S1.Clear(A1.Original());

////////////////////////
// Box class is
// displayed

Box B1(4,       // upper left row -> 4
       10,      // upper left col -> 10
       12,      // lower right row -> 12
       55,      // lower right col -> 50
       ' ',     // fill char = ' '
       A1.Inverse()); // box attr

////////////////////////
// print key press
// message

S1.WriteText(24,0,0,"Press any key to Move Box ",A1.Intense());

////////////////////////
// wait here

getch();

////////////////////////
// move upper left row
// and column of box
// to

B1.MoveTo(8,20);

////////////////////////
// print key press
// message

S1.WriteText(24,0,0,"Press any key to Display Box",A1.Intense());

////////////////////////
// wait here

getch();

////////////////////////
// Display box and

B1.Display();

////////////////////////
// print key press
// message
```

```
S1.WriteText(24,0,0,"Press any key to Remove Box ",A1.Intense());

///////////////////////
// wait here

getch();

///////////////////////
// remove box and
// restore screen

B1.Remove();

///////////////////////
// print key press
// message

S1.WriteText(24,0,0,"Press any key to Display Box",A1.Intense());

///////////////////////
// wait here

getch();

///////////////////////
// restore box and

B1.Display();

///////////////////////
// print key press
// message

S1.WriteText(24,0,0,"Press any key to End Program",A1.Intense());

///////////////////////
// wait here

getch();

///////////////////////
// clear the screen

S1.Clear(7);

}
```

Let's compile and link PROG16.CPP. From the command line, type

cc prog16

and press Enter.

From the command line, type

ccl prog16

and press Enter.

File print utility upgrade (v1.2)

Figure 5-7 presents the source code listing to PROG16.CPP. This print file utility upgrade incorporates many Box class member methods to enhance the screen display during the file print sequence.

Let's compile and link PROG17.CPP. From the command line, type

    cc prog17

and press Enter.

From the command line, type

    ccl prog17

and press Enter.

To print the source listing to PROG17.CPP, from the command line, type

    prog17 prog17.cpp

and press Enter.

5-7 Source code listing of PROG17.CPP.

```
/////////////////////////////////////
//
// prog17.cpp
//
// File Print Utility Version 1.2
//
// Open a file, print a file, close a
// file demo.
//
//    Features Added to Version 1.1
// -------------------------------
// 1) Print page header in EMPHASIZE
//    print style
// 2) Display print page number
//    on screen
// 3) Display print row number
//    on page on screen
// 4) Display total print row
//    number on screen
// 5) Display line being printed
//    on screen
// 6) Pretty up display using
//    Screen class methods
//
//    Features Added to Version 1.2
// -------------------------------
// 1) Add print_source(...) function
// 2) Pretty up screen with boxes
// 3) Permit more than one file to
//    be printed from command line
//
/////////////////////////////////////
```

```
////////////////////////
// Epson defines

#define EP_CONDENSE_ON    15
#define EP_CONDENSE_OFF   18
#define EP_EMPHASIZE_ON   69
#define EP_EMPHASIZE_OFF  70
#define EP_ESCAPE         27

////////////////////////
// include files for
// C++ I/O

#include <iostream.h>
#include <fstream.h>
#include <stdlib.h>
#include <mem.h>
#include <string.h>
#include <conio.h>

////////////////////////
// include Windcrest
// class header files

#include "location.h"
#include "cursor.h"
#include "printer.h"
#include "attribut.h"
#include "screen.h"
#include "box.h"

////////////////////////
// program prototyopes

int print_source(char *fname);

////////////////////////
// begin program here

void main(int argc,char *argv[])
{
char buff120[120];
char ch,buffer[10];
int value;
int success;
int counter;
char *cptr;
int ctr1;
int ctr2;
int ctr3;

//////////////////////////////////////
// Create main screen
// for version 1.1

////////////////////////
// main screen attribute
//
// BLACK => foreground
// WHITE => background
```

```
Attribute A1(BLACK,WHITE);

///////////////////////
// Error Attribute

Attribute A2(WHITE,RED);

///////////////////////
// Print file update
// info attribute

Attribute A3(BLUE,WHITE);

///////////////////////
// declare screen with
// using:
// BLACK => foreground
// WHITE => background

Screen S1(A1.Original());

///////////////////////
// declare cursor

Cursor C1(6,7);

///////////////////////
// turn the cursor off

C1.Hide();


///////////////////////
// clear the screen
// using A1.Original()

S1.Clear(A1.Original());

///////////////////////
// Write program title
// on row 0

S1.WriteText(0,26,0,"File Print Utility  Ver. 1.2",A1.Original());

///////////////////////
// draw horizontal bar
// on row 1

S1.WriteHBar(1,0,80,A1.Original());

///////////////////////
// count arguments

if(argc==1)
   {
   ///////////////////////
   // print DOS exit message

   S1.WriteText(2,0,0," Press any key to return to DOS.
```

```
      A2.Intense());

//////////////////////////
// top line of text block

S1.WriteText(4,22,0,"                                        ",
   A2.Intense());

//////////////////////////
// Error message in box

S1.WriteText(5,22,0," * Program Invocation Syntax Error       ",
   A2.Intense());

//////////////////////////
// Blink star

S1.RepeatAttribute(5,23,1,A2.Blink());

//////////////////////////
// print box next row

S1.WriteText(6,22,0,"                                        ",
   A2.Intense());

//////////////////////////
// print syntax prompt

S1.WriteText(7,22,0,"   Syntax: prog17 <filename> [filename] [] ...",
   A2.Intense());

//////////////////////////
// print bottom box row

S1.WriteText(8,22,0,"                                        ",
   A2.Intense());

//////////////////////////
// wait for key press

getch();

//////////////////////////
// clear screen  with
// WHITE => foreground
// BLACK => background

S1.Clear(A1.Inverse());

//////////////////////////
// show cursor

C1.Show();

//////////////////////////
// exit to DOS

exit(0);
}

//////////////////////////
```

```
// print the source
// files specified in
// the command line

counter = 1;

while(counter<=argc-1)
    {
    /////////////////////////
    // print file
    //   if success == 1 then
    //      ERROR
    //   else
    //      OK

    success = print_source(argv[counter++]);

    /////////////////////////
    // break loop on error
    // and abort print

    if(success)
        break;
    }


/////////////////////////
// erase previously
// printed row of text

S1.RepeatChar(20,0,80,' ',A3.Original());
S1.RepeatChar(21,0,80,' ',A3.Original());

/////////////////////////
// wait here

getch();

/////////////////////////
// clear the screen

S1.Clear(A1.Inverse());

}

/////////////////////////////////////////
//
// print_source
//
// Prints the file passes as a
// parameter
//
/////////////////////////////////////////

int print_source(char *fname)
{
char buff120[120];
char ch,buffer[10];
int value,eflag=0;
```

```
int row_ctr=0;
int page_number=1;
int success;
char *cptr;
int ctr1;
int ctr2;
int ctr3;

/////////////////////////
// open file for
// input file stream
//
// declare ifstream
// class F1

ifstream F1(fname);

/////////////////////////
// main screen attribute
//
// BLACK => foreground
// WHITE => background

Attribute A1(BLACK,WHITE);

/////////////////////////
// Error Attribute

Attribute A2(WHITE,RED);

/////////////////////////
// Print file update
// info attribute

Attribute A3(BLUE,WHITE);

/////////////////////////
// Box attribute

Attribute A4(WHITE,GREEN);

/////////////////////////
// Box info attribute

Attribute A5(RED,GREEN);

/////////////////////////
// declare screen with
// using:
// BLACK => foreground
// WHITE => background

Screen S1(A1.Original());

/////////////////////////
// declare printer class
// P1

Printer P1(0);
```

```
///////////////////////
// set printer to
// condense mode

P1.WriteChar(EP_CONDENSE_ON);

///////////////////////
// if file not found
// print error message
// and exit

if(!F1)
    {
    ///////////////////////
    // print DOS exit message

    S1.WriteText(2,0,0," Press any key to return to DOS. ",
        A2.Intense());

    ///////////////////////
    // top line of text block

    S1.WriteText(4,22,0,"                              ",
        A2.Intense());

    ///////////////////////
    // Error message in box

    S1.WriteText(5,22,0," * ERROR - File Not Found      ",
        A2.Intense());

    ///////////////////////
    // Blink star

    S1.RepeatAttribute(5,23,1,A2.Blink());

    ///////////////////////
    // print box next row

    S1.WriteText(6,22,0,"                              ",
        A2.Intense());

    ///////////////////////
    // print file name
    // of file not found

    S1.WriteText(7,22,0," File Name:                   ",
        A2.Intense());

    ///////////////////////
    // alter -> attribute

    S1.WriteText(7,34,0,fname,A2.Intense());

    ///////////////////////
    // print bottom box row

    S1.WriteText(8,22,0,"                              ",
        A2.Intense());
```

```
//////////////////////
// return to caller
// with error

return 1;
}


//////////////////////
// Box class is
// displayed

Box B1(6,        // upper left row -> 6
       20,       // upper left col -> 20
       12,       // lower right row -> 12
       59,       // lower right col -> 59
       ' ',      // fill char = ' '
       A4.Intense()); // box attr

//////////////////////
// print file success
// on open message

//////////////////////
// write File message

S1.WriteText(7,21,0,"File: ",A4.Intense());

//////////////////////
// write the file name
// passed from command
// line

S1.WriteText(7,21+6,0,fname,
    A4.Intense());

//////////////////////
// append successfully
// opened message

S1.WriteText(7,21+6+strlen(fname),0," successfully opened!",
    A4.Intense());


//////////////////////
// turn on emphasized
// print

P1.WriteChar(EP_ESCAPE);
P1.WriteChar(EP_EMPHASIZE_ON);

//////////////////////
// print file name at
// page top

P1.WriteText("File: ",0);
P1.WriteText(fname,0);

//////////////////////
// print page number
```

```
P1.SetColumn(22);
P1.WriteText("Page #: ",0);
cptr = itoa(page_number,buffer,10);
P1.WriteText(cptr,0);

//////////////////////
// page number message

S1.WriteText(10,21,0,"Page #: ",A5.Original());

//////////////////////
// int to ascii for
// page number print

cptr = itoa(page_number,buffer,10);

S1.WriteText(10,21+8,0,cptr,A5.Original());

//////////////////////
// turn off emphasized
// print

P1.WriteChar(EP_ESCAPE);
P1.WriteChar(EP_EMPHASIZE_OFF);

//////////////////////
// send two newlines to
// the printer

P1.NewLine();
P1.NewLine();

//////////////////////
// set column counter
// for the screen print
// to 0

ctr1 = 0;

//////////////////////
// set total char
// counter to 0

ctr2 = 0;

//////////////////////
// set total line
// counter to 0

ctr3 = 0;

//////////////////////
// begine file read and
// print

do
   {
   //////////////////////
```

```
// get character from
// the open file

value = F1.get();

/////////////////////////
// if value indicates
// that the file has
// ended

  if(F1.eof())
    {
    /////////////////////////
    // print File message

    S1.WriteText(8,21,0,"File: ",A4.Intense());

    /////////////////////////
    // file name from
    // command line to the
    // screen

    S1.WriteText(8,21+6,0,fname,A4.Intense());

    /////////////////////////
    // append successfully
    // printed message

    S1.WriteText(8,21+6+strlen(fname),0," successfully printed!",
    A4.Intense());

    /////////////////////////
    // send a form feed to
    // the printer

    P1.FormFeed();

    /////////////////////////
    // print return to DOS
    // message

    S1.WriteText(9,21,0,"Press Any Key to return to DOS",
    A4.Intense());

    /////////////////////////
    // clear rows 10 & 11
    // & 12 messages

    S1.RepeatChar(10,21,30,' ',A4.Intense());
    S1.RepeatChar(11,21,30,' ',A4.Intense());
    S1.RepeatChar(12,21,30,' ',A4.Intense());

    /////////////////////////
    // set exit flag

    eflag=1;
    }

/////////////////////////
// EOF not reached so
```

```
// send the char to the
// printer

else
    {
    ////////////////////////
    // draw char print
    // horizontal boundary

    S1.WriteHBar(19,0,80,A1.Original());
    S1.WriteHBar(22,0,80,A1.Original());

    ////////////////////////
    // check to see if
    // row_ctr is at page
    // bottom

    if(row_ctr==58 && value==10)
        {
        ////////////////////////

// set row_ctr for new
// page

row_ctr=0;

////////////////////////
// for feed for new page

P1.FormFeed();

////////////////////////
// turn on emphasized
// print

P1.WriteChar(EP_ESCAPE);
P1.WriteChar(EP_EMPHASIZE_ON);

////////////////////////
// print file name at
// page top

P1.WriteText("File: ",0);
P1.WriteText(fname,0);

////////////////////////
// print page number
// set column to 22

P1.SetColumn(22);

////////////////////////
// page number message

P1.WriteText("Page #: ",0);

////////////////////////
// go to next page
```

```
        page_number++;

//////////////////////
// int to ascii for
// page number print

cptr = itoa(page_number,buffer,10);

//////////////////////
// print the page number

P1.WriteText(cptr,0);

//////////////////////
// send two newlines to
// the printer

    P1.NewLine();
    P1.NewLine();

    //////////////////////
    // turn off emphasized
    // print

    P1.WriteChar(EP_ESCAPE);
    P1.WriteChar(EP_EMPHASIZE_OFF);
    }

//////////////////////
// send char byte to
// the printer

P1.WriteChar((char)value);

//////////////////////
// print Char Total to
// the screen

S1.WriteText(11,21,0,"Char Total: ",A5.Original());

//////////////////////
// int to ascii for
// char number print

cptr = itoa(ctr2,buffer,10);

//////////////////////
// print the total char
// number sent to the
// printer

S1.WriteText(11,21+12,0,cptr,A5.Original());

//////////////////////
// increment total
// char counter

ctr2++;

//////////////////////
// if value is
```

```
// printable character
// then send it to the
// screen

if( (value>=0x20)&&(value<=0x7d) )

    ///////////////////////
    // yes - printable so
    // send it to the scrn

    S1.WriteChar(20,ctrl++,(char)value,A2.Inverse());

///////////////////////
// increment row_ctr on
// ascii carriage return

if(value==10)
    {
    ///////////////////////
    // page number message

    S1.WriteText(10,21,0,"Page #: ",A5.Original());

    ///////////////////////
    // int to ascii for
    // page number print

    cptr = itoa(page_number,buffer,10);

    ///////////////////////
    // write ascii number to
    // screen

    S1.WriteText(10,21+8,0,cptr,A5.Original());

    ///////////////////////
    // write Line # message
    // to the screen

    S1.WriteText(12,21,0,"Line #: ",A5.Original());

    ///////////////////////
    // int to ascii for
    // char number print

    cptr = itoa(ctr3,buffer,10);

    ///////////////////////
    // print the line number

    S1.WriteText(12,21+8,0,cptr,A5.Original());

    ///////////////////////
    // erase previously
    // printed row of text

    S1.RepeatChar(20,0,80,' ',A3.Original());
    S1.RepeatChar(21,0,80,' ',A3.Original());

    ///////////////////////
```

```
      // increment row ctr
      // on page

          row_ctr++;

          ///////////////////////
          // increment total
          // line counter

          ctr3++;

          ///////////////////////
          //
          ctr1 = 0;
          }
      }
  }

  ///////////////////////
  // continue looping
  // while eflag==0

  while(!eflag);

///////////////////////
// close the opened file

F1.close();

///////////////////////
// turn off condense

P1.WriteChar(EP_CONDENSE_OFF);

return 0;
}
```

Summary

Chapter 5 presented the Box class definition and member methods. A box was defined as a rectangular region of the screen where the text write origin is located at the upper left row and corner of the screen. This is called a global coordinate system. Boxes can be used to enhance the look of screen displays by highlighting different regions of the screen.

Figure 5-8 presents the current library listing for the TABCPP.LIB file.

5-8   TABCPP.LIB library listing.

```
Publics by module

ATTRIBUT   size = 455
    Attribute::Attribute(unsigned char,unsigned char)
    Attribute::Reset(unsigned char,unsigned char)

BOX        size = 935
```

```
   Box::Box(int,int,int,int,char,unsigned char)
   Box::BRestore()
   Box::BSave()
   Box::Destroy()
   Box::Display()
   Box::MoveRelativeTo(int,int)
   Box::MoveTo(int,int)
   Box::Remove()
   Box::Restore()
   Box::Save()

CURSOR      size = 660
   Cursor::Cursor(unsigned char,unsigned char)
   Cursor::Hide()
   Cursor::MoveRelativeTo(int,int)
   Cursor::MoveTo(int,int)
   Cursor::RestoreLocation()
   Cursor::RestoreSize()
   Cursor::SaveLocation()
   Cursor::SaveSize()
   Cursor::Show()
   Cursor::Size(int,int)

LOCATION    size = 91
   Location::Location(int,int)
   Location::Modify(int,int)
   Location::Reset(int,int)

PRINTER     size = 466
   Printer::Printer(int)
   Printer::CarriageReturn()
   Printer::Error()
   Printer::FormFeed()
   Printer::GetStatus()
   Printer::Initialize()
   Printer::LineFeed()
   Printer::NewLine()
   Printer::PrintScreen()
   Printer::SetColumn(int)
   Printer::WriteChar(char)
   Printer::WriteText(char near*,int)

SCREEN      size = 1936
   Screen::Screen(unsigned char)
   Screen::Attribute(unsigned char)
   Screen::Clear(unsigned char)
   Screen::CopyPage(int,int)
   Screen::ExtractAttribute(int)
   Screen::ExtractChar(int)
   Screen::FlipPage(int)
   Screen::ReadChar(int,int)
   Screen::ReadString(int,int,int,char near*)
   Screen::ReadText(int,int,int,unsigned int near*)
   Screen::RepeatAttribute(int,int,int,unsigned char)
   Screen::RepeatChar(int,int,int,char,unsigned char)
   Screen::Restore()
   Screen::Save()
   Screen::SelectPage(int)
   Screen::WriteChar(int,int,char,unsigned char)
```

```
Screen::WriteHBar(int,int,int,unsigned char)
Screen::WriteString(int,int,int,char near*)
Screen::WriteText(int,int,int,char near*,unsigned char)
Screen::WriteVBar(int,int,int,unsigned char)

WGLOBAL    size = 16004
  _ActivePage
  _bp
  _p1
  _p2
  _p3
```

_____

6
Viewing a file in C++

This chapter presents the Pad class. Simply, the pad presented in this text is a read-only pad. When invoking the Pad member method constructor, you specify the upper left row and column corner, lower right row and column corner, attribute information, and filename. The file named in the Pad constructor invocation will automatically be loaded into a buffer and appear "on the pad." You may view the file by scrolling the document using the Up and Down arrow keys. Esc closes the pad by removing it from the screen.

I hope that enterprising readers like you will take the Pad class viewer presented here to further heights. You can add keyboard entry routines, horizontal scrolling routines, file-save routines, word processing and text editing functions, plus other things. Really, I hope that the Pad class will prove a starting point for creative fun on your part.

Simple C++ file I/O

Figure 6-1 presents the source code listing to PAD1.CPP. This demonstration program uses Turbo C++'s canned I/O class libraries for the file-open, file-read, and file-close operations. The file named as the first parameter in the command line string will be displayed on the screen in a similar fashion to the way that the DOS TYPE works.

Let's compile and link PAD1.CPP. From the command line, type

```
bcc pad1.cpp
```

and press Enter.

PAD1.EXE will read a text file and display its contents on the screen.

```
//////////////////////////////////
//
// pad1.cpp
//
// Simple C++ file I/O demo which
// prints a text file to the
// screen
//
//////////////////////////////////

/////////////////////////
// include files for
// C++ I/O

#include <iostream.h>
#include <fstream.h>
#include <stdlib.h>
#include <mem.h>
#include <string.h>
#include <conio.h>
#include <stdio.h>

void process_pad_file(char *name);

/////////////////////////
// include Windcrest
// class header files

#include "location.h"
#include "cursor.h"
#include "printer.h"
#include "attribut.h"
#include "screen.h"

/////////////////////////
// global pointer array

#define LINESMAX 10000

char *linesptr[LINESMAX];

/////////////////////////
// begin program here

main(int argc,char *argv[])
{
int cnt;

process_pad_file(argv[1]);

for(cnt=0;;cnt++)
        {
        if(!linesptr[cnt])
                break;
        else
                printf("%s\n",linesptr[cnt]);
        }
```

```
        }

/////////////////////////
//
// process_pad_file(...)
//
// read file of less
// than LINESMAX lines
// and place the file's
// rows of text into
// char *linesptr[]
// for printing to the
// screen
//
/////////////////////////

void process_pad_file(char *name)
{
char buffer[1000];
char value;
int cnt;
long pos;
int number;
char *ptr;
int lines;


for(lines=0; lines<LINESMAX; lines++)
        linesptr[lines]=0;

lines=0;

/////////////////////////
// open file for
// input file stream
//
// declare ifstream
// class F1

ifstream F1(name);

for(;;)
        {
        value = F1.peek();
        if(value==EOF)
                break;
        memset(buffer,0,1000);
        ptr = buffer;
        for(;;)
                {
                value = F1.get();
                if(value=='\n')
                        break;
                else
                        {
                        if(value==0x09) // tab
                                {
                                *ptr++ = ' ';
                                *ptr++ = ' ';
                                *ptr++ = ' ';
```

6-1 Continued.

```
                                    }
                    else
                                *ptr++ = value;
                        }
                }
        linesptr[lines] = (char *)malloc(120);
        strcpy(linesptr[lines],buffer);
        lines++;
        }

/////////////////////////
// close the opened file

F1.close();

}
```

Let's display the source listing to PAD1.CPP on the screen. From the command line, type

pa1 pad1.cpp

and press Enter.

Now that you've seen a Turbo C++ method of file I/O, let's apply it to good use in the Pad class.

The Pad class

The Pad class currently allows you to create a relocatable and resizable file viewer on the screen. The file viewer can spruce up the look of any program where you have to examine a textfile from disk.

Because the Pad class constructor pops up a window that displays a file's text on the screen, it seemed quite logical to have the Pad class inherit some member methods and class data from the Box class. Carefully examine the Pad class definition file (PAD.H, in FIG. 6-3) and the Pad class member method source file (PAD.CPP, in FIG. 6-4) to see one method of implementing class inheritance.

Three source files (shown later in FIG. 6-3, FIG. 6-4, and FIG. 6-5) are in the Pad class: the source code listing to PAD.H, the Pad class definition file; the source code listing to PAD.CPP, which contains the source to the Pad5 class member methods; and the source code listing to PAD2.CPP, which contains a C source function called from the Pad constructor.

Note that I used the filename PAD2.CPP and not PAD2.C, even though PAD2.CPP contains a standard C function. I did this because C++ uses a different naming convention than C at the object module level. Had I added a PAD2.OBJ object module created using PAD2.C and added that PAD2.OBJ module to the TABCPP.LIB file, I would have generated a "Function Not Found" error during the link phase. If I generated a PAD2.OBJ module from PAD2.CPP, there would be no link error.

The function name differences between C and C++ at the object module level are caused by C++'s tendency to "name-mangle." More on name-mangling in Chapter 7 in *Calling assembly subroutines from C++*.

Figure 6-2 presents the source code listing to KEYBOARD.H, a useful file containing keypress defines.

6-2 Source code listing of KEYBOARD.H.

```
//////////////////////////////////////
//
// keyboard.h
//
// keyboard char and scan codes
//
//////////////////////////////////////

#define INSERT          0x5200
#define DELETE          0x5300
#define SPACE           0x3920
#define ESC             0x011b
#define ESCAPE          0x011b
#define PGDN            0x5100
#define PGUP            0x4900
#define PERIOD          0x342e
#define TAB             0x0f09
#define RT_SQUARE       0x1b5d
#define LT_SQUARE       0x1a5b
#define RT_BRACKET      0x1b7d
#define LT_BRACKET      0x1a7b
#define CNTL_HOME       0x7700
#define CNTL_END        0x7500
#define CNTL_ENTER      0x1c0a
#define CNTL_BS         0x0e7f
#define HOME            0x4700
#define END             0x4f00
#define s_BS            0x0008
#define BS              0x0e08
#define BACKSPACE       0x0e08
#define s_CR            0x000d
#define CR              0x1c0d
#define ENTER           0x1c0d
#define UP_ARROW        0x4800
#define RIGHT_ARROW     0x4d00
#define LEFT_ARROW      0x4b00
#define DOWN_ARROW      0x5000
#define F1              0x3b00
#define F2              0x3c00
#define F3              0x3d00
#define F4              0x3e00
#define F5              0x3f00
#define F6              0x4000
#define F7              0x4100
#define F8              0x4200
#define F9              0x4300
#define F10             0x4400

#define SHIFT_TAB       0x0f00
```

```
#define SHIFT_HOME    0x4737
#define SHIFT_END     0x4f31
#define SHIFT_INSERT  0x5230
#define SHIFT_DELETE  0x532e
#define SHFT_INSERT   0x5230
#define SHFT_F1       0x5400
#define SHFT_F2       0x5500
#define SHFT_F3       0x5600
#define SHFT_F4       0x5700
#define SHFT_F5       0x5800
#define SHFT_F6       0x5900
#define SHFT_F7       0x5a00
#define SHFT_F8       0x5b00
#define SHFT_F9       0x5c00
#define SHFT_F10      0x5d00
#define SH_R_ARROW    0x4d36
#define SH_L_ARROW    0x4b34
#define SH_U_ARROW    0x4838
#define SH_D_ARROW    0x5032


#define CNTL_F1       0x5e00
#define CNTL_F2       0x5f00
#define CNTL_F3       0x6000
#define CNTL_F4       0x6100
#define CNTL_F5       0x6200
#define CNTL_F6       0x6300
#define CNTL_F7       0x6400
#define CNTL_F8       0x6500
#define CNTL_F9       0x6600
#define CNTL_F10      0x6700
#define CNTL_LEFTA    0x7300
#define CNTL_RIGHTA   0x7400

#define ALT_F1        0x6800
#define ALT_F2        0x6900
#define ALT_F3        0x6a00
#define ALT_F4        0x6b00
#define ALT_F5        0x6c00
#define ALT_F6        0x6d00
#define ALT_F7        0x6e00
#define ALT_F8        0x6f00
#define ALT_F9        0x7000
#define ALT_F10       0x7100

#define ALT_A         0x1e00
#define ALT_B         0x3000
#define ALT_C         0x2e00
#define ALT_D         0x2000
#define ALT_E         0x1200
#define ALT_F         0x2100
#define ALT_G         0x2200
#define ALT_H         0x2300
#define ALT_I         0x1700
#define ALT_J         0x2400
#define ALT_K         0x2500
#define ALT_L         0x2600
#define ALT_M         0x3200
```

```
#define ALT_N          0x3100
#define ALT_O          0x1800
#define ALT_P          0x1900
#define ALT_Q          0x1000
#define ALT_R          0x1300
#define ALT_S          0x1f00
#define ALT_T          0x1400
#define ALT_U          0x1600
#define ALT_V          0x2f00
#define ALT_W          0x1100
#define ALT_X          0x2d00
#define ALT_Y          0x1500
#define ALT_Z          0x2c00

#define CNTL_A         0x1e01
#define CNTL_B         0x3002
#define CNTL_C         0x2e03
#define CNTL_D         0x2004
#define CNTL_E         0x1205
#define CNTL_F         0x2106
#define CNTL_G         0x2207
#define CNTL_H         0x2308
#define CNTL_I         0x1709
#define CNTL_J         0x240a
#define CNTL_K         0x250b
#define CNTL_L         0x260c
#define CNTL_M         0x320d
#define CNTL_N         0x310e
#define CNTL_O         0x180f
#define CNTL_P         0x1910
#define CNTL_Q         0x1011
#define CNTL_R         0x1312
#define CNTL_S         0x1f13
#define CNTL_T         0x1414
#define CNTL_U         0x1615
#define CNTL_V         0x2f16
#define CNTL_W         0x1117
#define CNTL_X         0x2d18
#define CNTL_Y         0x1519
#define CNTL_Z         0x2c1a

#define K_0            0x0b30
#define K_1            0x0231
#define K_2            0x0332
#define K_3            0x0433
#define K_4            0x0534
#define K_5            0x0635
#define K_6            0x0736
#define K_7            0x0837
#define K_8            0x0938
#define K_9            0x0a39

#define ALT_0          0x8100
#define ALT_1          0x7800
#define ALT_2          0x7900
#define ALT_3          0x7a00
#define ALT_4          0x7b00
#define ALT_5          0x7c00
#define ALT_6          0x7d00
#define ALT_7          0x7e00
#define ALT_8          0x7f00
```

6-2 Continued.

```
#define ALT_9        0x8000

#define K_SPACE   0x3920
#define K_EXCLAM  0x0221
#define K_QUOTE   0x2822
#define K_POUND   0x0423
#define K_DOLLAR  0x0524
#define K_PERCENT 0x0625
#define K_AND     0x0826
#define K_APOST   0x2827
#define K_LPAREN  0x0A28
#define K_RPAREN  0x0B29
#define K_STAR    0x092A
#define K_PLUS    0x0D2B
#define K_COMMA   0x332C
#define K_MINUS   0x0C2D
#define K_PERIOD  0x342E
#define K_FSLASH  0x352F


#define K_COLON   0x273A
#define K_SCOLON  0x273B
#define K_LESS    0x333C
#define K_EQUAL   0x0D3D
#define K_GREAT   0x343E
#define K_QUEST   0x353F
#define K_AMPER   0x0340

#define K_A       0x1E61 - 0x20
#define K_B       0x3062 - 0x20
#define K_C       0x2E63 - 0x20
#define K_D       0x2064 - 0x20
#define K_E       0x1265 - 0x20
#define K_F       0x2166 - 0x20
#define K_G       0x2267 - 0x20
#define K_H       0x2368 - 0x20
#define K_I       0x1769 - 0x20
#define K_J       0x246A - 0x20
#define K_K       0x256B - 0x20
#define K_L       0x266C - 0x20
#define K_M       0x326D - 0x20
#define K_N       0x316E - 0x20
#define K_O       0x186F - 0x20
#define K_P       0x1970 - 0x20
#define K_Q       0x1071 - 0x20
#define K_R       0x1372 - 0x20
#define K_S       0x1F73 - 0x20
#define K_T       0x1474 - 0x20
#define K_U       0x1675 - 0x20
#define K_V       0x2F76 - 0x20
#define K_W       0x1177 - 0x20
#define K_X       0x2D78 - 0x20
#define K_Y       0x1579 - 0x20
#define K_Z       0x2C7A - 0x20

#define K_LBRACK  0x1A5B
#define K_BSLASH  0x2B5C
#define K_RBRACK  0x1B5D
#define K_KARAT   0x075E
```

```
#define K_UNDER    0x0C5C

#define K_a    0x1E61
#define K_b    0x3062
#define K_c    0x2E63
#define K_d    0x2064
#define K_e    0x1265
#define K_f    0x2166
#define K_g    0x2267
#define K_h    0x2368
#define K_i    0x1769
#define K_j    0x246A
#define K_k    0x256B
#define K_l    0x266C
#define K_m    0x326D
#define K_n    0x316E
#define K_o    0x186F
#define K_p    0x1970
#define K_q    0x1071
#define K_r    0x1372
#define K_s    0x1F73
#define K_t    0x1474
#define K_u    0x1675
#define K_v    0x2F76
#define K_w    0x1177
#define K_x    0x2D78
#define K_y    0x1579
#define K_z    0x2C7A

//
// end of keyboard.h
//
/////////////////////////////////////
```

Figure 6-3 presents the source code listing to PAD.H, which contains the formal Pad class definition.

6-3 Source code listing of PAD.H.

```
/////////////////////////////////////
//
// pad.h
//
// Pad Class
//
/////////////////////////////////////

/////////////////////////
// include files for
// C++ I/O

#include <iostream.h>
#include <fstream.h>

/////////////////////////
// Pad defines
```

```
#define PAD_IS_VISIBLE 1
#define PAD_IS_NOT_VISIBLE 0
#define PAD_MAX_ROWS 100
#define PAD_MAX_COLS 80

class Pad : public Box {
        char *fname;                        // file name
        int *keylist;                       // Pad quit keys
        char *buffer;                       // points to file
        int active_flag;                    // pad active flag
public:                                     // Pad class methods
    Pad(                                    // Pad constructor
          char *filename,                   // Pad active file name
          int *func_keys,                   // list of exit to new function keys
        int ulr,                            // upper left corner row
        int ulc,                            // upper left corner column
        int lrr,                            // lower right corner row
        int lrc,                            // lower right corner column
        char chr,                           // fill char for pad
        unsigned char battr);               // fill attribute
    void Display(void);                     // Display previously Removed pad
    void Remove(void);                      // Remove Displayed pad
    void Save(void);                        // save screen under pad pad
    void BSave(void);                       // pad visible pad image
    void Restore(void);                     // restore screen image
    void BRestore(void);                    // restore pad image
    void Destroy(void);                     // frees memory for save & restore
    void ReSize(int horiz,int vert);        // change pad size
    void MoveRelativeTo(int r,int c);       // pad move relative to
    void MoveTo(int r,int c);               // move pad to new row & col location
    void WriteChar(                         // write char to screen
        int row,                            // at specified row
        int col,                            // column
        char ch,                            // designated char
        unsigned char attribute);           // designated attribute
    void RepeatChar(                        // repeat this character
        int row,                            // starting at this row
        int col,                            // and column
        int number,                         // this number of bytes
        char ch,                            // with this character
        unsigned char attribute);           // and this attribute
    void WriteVBar(                         // write a vertical bar
        int row,                            // starting at this row
        int col,                            // and column
        int length,                         // of length height
        unsigned char attr);                // using this attribute
    void WriteText(                         // write string of text
        int row,                            // starting at row
        int col,                            // column location
        int length,                         // of length chars
        char *string,                       // from this string
        unsigned char attribute);           // using this attribute
        int ReadKey(void);                  // Read 16 bit key via BIOS
        int Note();                         // Pad becomes Note Pad
        int View();                         // Pad Views files
        void display_file(int number,       // row number to start display
                     int offset);           // col number to start
//      int Edit();                         // Pad Edits files
};
```

Figure 6-4 presents the source code listing to PAD.CPP, which contains the source for the Pad class member methods.

Let's compile PAD.CPP. From the command line, type

```
cc pad
```

and press Enter.

Now let's add PAD.OBJ to our TABCPP.LIB class library file. From the command line, type

```
addlib pad
```

and press Enter.

6-4 Source code listing of PAD.CPP.

```
////////////////////////////////////
//
// pad.cpp
//
// Pad class methods
//
////////////////////////////////////


///////////////////////
// C header files

#include <dos.h>
#include <stdlib.h>
#include <mem.h>
#include <string.h>
#include <alloc.h>
#include <conio.h>
#include <stdio.h>

///////////////////////
// include Pad class
// definition

#include "keyboard.h"
#include "location.h"
#include "cursor.h"
#include "printer.h"
#include "attribut.h"
#include "screen.h"
#include "box.h"
#include "pad.h"

///////////////////////
// variable ActivePage
// declared in file
// WGLOBAL.CPP

extern   unsigned int far *ActivePage;

void process_pad_file(char *fname);
```

6-4 Continued.

```
char pad_text_array[PAD_MAX_ROWS][PAD_MAX_COLS];

///////////////////////////////////
//
// Pad
//
// Declare Pad instance
//
///////////////////////////////////
Pad::Pad(char *filename,
    int *func_keys,
    int ulr,
    int ulc,
    int lrr,
    int lrc,
    char chr,
    unsigned char battr)
    : Box(ulr,ulc,lrr,lrc,chr,battr)
{
int length;
int ctr,ctrl;
int eflag;
int key;
char value;
int lines, counter;

///////////////////////
// file name attribute

Attribute A1(BLUE,WHITE);

///////////////////////
// set fname = filename

fname = filename;

///////////////////////
// set keylist =
// quitkeys

keylist = func_keys;

///////////////////////
// draw border on pad
// leaving one row on
// bottom below box for
// messages
///////////////////////

///////////////////////
// write horizontal bars

Pad::RepeatChar(upper_left_row,
                upper_left_col,
                width,
                205,
                attr);
```

```
                Pad::RepeatChar(lower_right_row-1,
                            upper_left_col,
                            width,
                            205,
                            attr);

    ////////////////////////
    // write vertical bars

                Pad::WriteVBar(upper_left_row,
                            upper_left_col,
                            height-1,
                            attr);

                Pad::WriteVBar(upper_left_row,
                            lower_right_col,
                            height-1,
                            attr);

    ////////////////////////
    // write corner chars

                Pad::WriteChar(upper_left_row,
                            upper_left_col,
                            213,
                            attr);

                Pad::WriteChar(upper_left_row,
                            lower_right_col,
                            184,
                            attr);

                Pad::WriteChar(lower_right_row-1,
                            upper_left_col,
                            212,
                            attr);

                Pad::WriteChar(lower_right_row-1,
                            lower_right_col,
                            190,
                            attr);

    ////////////////////////
    // write file name

                Pad::WriteText(upper_left_row,
                            upper_left_col+1,
                            strlen(fname)+2,
                            "
                            A1.Original());

                Pad::WriteText(upper_left_row,
                            upper_left_col+2,
                            0,
                            fname,
                            A1.Original());

    ////////////////////////////////////////////////////////

    ////////////////////////////////////////////////////////
```

```
process_pad_file(fname);

//////////////////////
// pad is visible

visible = PAD_IS_VISIBLE;

}


///////////////////////////////////
//
// Display(...)
//
// Display box defined by Pad
// constructor
//
///////////////////////////////////

void Pad::Display()
{
//////////////////////
// if the box is not
// visible then

if(visible==PAD_IS_NOT_VISIBLE)
    {
    /////////////////////
    // save the screen
    // image to
    // memory

    Pad::Save();

    /////////////////////
    // restore box image

    Pad::BRestore();

    /////////////////////
    // set visible

    visible = PAD_IS_VISIBLE;
    }
};

///////////////////////////////////
//
// Remove(...)
//
// Remove box defined by Pad
// constructor and restore
// original screen image
//
///////////////////////////////////

void Pad::Remove()
```

```
     {
     ////////////////////////
     // if the box is not
     // visible then

     if(visible==PAD_IS_VISIBLE)
          {
          ////////////////////////
          // save box image

          Pad::BSave();

          ////////////////////////
          // restore screen image

          Pad::Restore();

          ////////////////////////
          // set visible flag

          visible = PAD_IS_NOT_VISIBLE;
          }
     };

///////////////////////////////////////////
//
// Save(...)
//
// Save the image of a box specified
// by the box's upper left row and
// column and the box's lower right
// row and column location
//
///////////////////////////////////////////

void Pad::Save()
{
int row;
int size;
int offset;
int ctr;
unsigned int *iptr;
unsigned int far *scrn_ptr;

////////////////////////
// set scrn_ptr =
// ActivePage

scrn_ptr = ActivePage;

////////////////////////
// set iptr =
// screen_image

iptr = screen_image;

////////////////////////
// read screen image
// defined by box
// coordinates to memory
```

```
///////////////////////
// read by row

for(row=upper_left_row; row<=lower_right_row; row++)

   {

      ///////////////////////
      // calculate page offset
      // for char and attr
      // placement

      offset = (long)(row*80);

      ///////////////////////
      // add page offset to
      // pointer

      scrn_ptr = ActivePage + offset + (upper_left_col);

      ///////////////////////
      // save the box
      // column by column

      for(ctr=0; ctr<width; ctr++)

         ///////////////////////
         // move char & attr to
         // screen_image

         *iptr++ = *scrn_ptr++;

   }
};

///////////////////////////////////////
//
// BSave(...)
//
// Save the image of visible box specified
// by the box's upper left row and
// column and the box's lower right
// row and column location
//
///////////////////////////////////////

void Pad::BSave()
{
int row;
int size;
int offset;
int ctr;
unsigned int *iptr;
unsigned int far *scrn_ptr;

///////////////////////
// set scrn_ptr =
// ActivePage
```

```
scrn_ptr = ActivePage;

/////////////////////////
// set iptr =
// screen_image

iptr = box_image;

/////////////////////////
// read visible box
// image defined by box
// coordinates to memory

/////////////////////////
// read by row

for(row=upper_left_row; row<=lower_right_row; row++)

   {

   /////////////////////////
   // calculate page offset
   // for char and attr
   // placement

   offset = (long)(row*80);

   /////////////////////////
   // add page offset to
   // pointer

   scrn_ptr = ActivePage + offset + (upper_left_col);

   /////////////////////////
   // save the box
   // column by column

   for(ctr=0; ctr<width; ctr++)

      /////////////////////////
      // move char & attr to
      // screen_image

      *iptr++ = *scrn_ptr++;

   }
};

/////////////////////////////////////////
//
// Restore(...)
//
// Move screen image from screen_image
// to the visible screen
//
/////////////////////////////////////////

void Pad::Restore()
{
int row;
```

```
int size;
int offset;
int ctr;
unsigned int *iptr;
unsigned int far *scrn_ptr;

///////////////////////
// set scrn_ptr =
// ActivePage

scrn_ptr = ActivePage;

///////////////////////
// set iptr =
// screen_image

iptr = screen_image;

///////////////////////
// read screen image
// defined by box
// coordinates to memory

///////////////////////
// write by row

for(row=upper_left_row; row<=lower_right_row; row++)

    {

    ///////////////////////
    // calculate page offset
    // for char and attr
    // placement

    offset = (long)(row*80);

    ///////////////////////
    // add page offset to
    // pointer

    scrn_ptr = ActivePage + offset + (upper_left_col);

    ///////////////////////
    // save the box
    // column by column

    for(ctr=0; ctr<width; ctr++)

        ///////////////////////
        // move char & attr to
        // screen_image

        *scrn_ptr++ = *iptr++;

    }

};

/////////////////////////////////////////
```

```
//
// BRestore(...)
//
// Move screen image from box_image
// to the visible screen
//
////////////////////////////////////

void Pad::BRestore()
{
int row;
int size;
int offset;
int ctr;
unsigned int *iptr;
unsigned int far *scrn_ptr;

/////////////////////////
// set scrn_ptr =
// ActivePage

scrn_ptr = ActivePage;

/////////////////////////
// set iptr =
// box

iptr = box_image;

/////////////////////////
// read screen image
// defined by box
// coordinates to memory

/////////////////////////
// write by row

for(row=upper_left_row; row<=lower_right_row; row++)

    {

    /////////////////////////
    // calculate page offset
    // for char and attr
    // placement

    offset = (long)(row*80);

    /////////////////////////
    // add page offset to
    // pointer

    scrn_ptr = ActivePage + offset + (upper_left_col);

    /////////////////////////
    // save the box
    // column by column

    for(ctr=0; ctr<width; ctr++)

        /////////////////////////
```

```
      // move char & attr to
      // screen_image

      *scrn_ptr++ = *iptr++;

   }

};

///////////////////////////////////
//
// Destroy(...)
//
// Frees memory pointed to by
//   box_image    &
//   screen_image
//
///////////////////////////////////

void Pad::Destroy()
{
free(box_image);
free(screen_image);
}

///////////////////////////////////
//
// MoveRelativeTo(...)
//
// Moves box relative to current
// box location
//
///////////////////////////////////

void Pad::MoveRelativeTo(int r,int c)
{
if(visible==PAD_IS_VISIBLE)
   {
   ////////////////////////
   // remove box from
   // screen

   Pad::Remove();

   ////////////////////////
   // adjust box coor-
   // dinates

   upper_left_row += r;
   upper_left_col += c;

   lower_right_row += r;
   lower_right_col += c;

   ////////////////////////
   // display box in new
   // location

   Pad::Display();
```

```
        }
};

////////////////////////////////////
//
// MoveTo(...)
//
// Moves box to new location
//
////////////////////////////////////

void Pad::MoveTo(int r,int c)
{
int row_offset,col_offset;


if(visible==PAD_IS_VISIBLE)
    {
    ////////////////////////
    // remove box from
    // screen

    Pad::Remove();

    ////////////////////////
    // calculate new upper
    // left and lower right
    // box corner locations

    upper_left_row = r;
    upper_left_col = c;
    lower_right_row = r + height - 1;
    lower_right_col = c + width - 1;

    ////////////////////////
    // display box in new
    // location

    Pad::Display();
    }
};

////////////////////////////////////
//
// RepeatChar(...)
//
// Repeat a designated Character
// starting at a specified screen
// location using a designated
// attribute.
//
////////////////////////////////////

void Pad::RepeatChar(int row,
        int col,
        int number,
        char ch,
        unsigned char attr)
{
unsigned char far *scrn;
```

```
int count;
long offset;
scrn = (unsigned char far *)ActivePage;
offset = (long)(row*160)+(col*2);
scrn = scrn + offset;
if(number!=0)
    {
    for(count=0; count<number; count++)
        {
        *scrn++ = ch;
        *scrn++ = (unsigned char)attr;
        }
    }
};

///////////////////////////////////////
//
// WriteVBar(...)
//
// Writes a single Vertical bar
// starting at a designated row and
// column location of a specified
// length with a specified attribute.
//
///////////////////////////////////////

void Pad::WriteVBar(int row, int col, int length, unsigned char attr)
{
int start;

start = row;

while(row<(start+length))
    Pad::WriteChar(row++,col,179,attr);
};

///////////////////////////////////////
//
// WriteChar(...)
//
// Writes a characrter to the screen
// at a designated row and column
// location using a specified screen
// attribute
//
///////////////////////////////////////

void Pad::WriteChar(int row,
            int col,
            char ch,
            unsigned char attr)
{
unsigned char far *scrn;
int count;
long offset;

////////////////////////////
// cast
//
```

```
                // int far * to
                // char far *
                //
                // to address both
                // Page char and
                // attribute in as
                // individuals

                scrn = (unsigned char far *)ActivePage;

                //////////////////////
                // calculate page offset
                // for char and attr
                // placement

                offset = (long)(row*160)+(col*2);

                //////////////////////
                // add page offset to
                // pointer

                scrn = scrn + offset;

                //////////////////////
                // move char to page

                *scrn++ = ch;

                //////////////////////
                // move attribute to
                // page

                *scrn++ = (unsigned char)attr;

                };


//////////////////////////////////////
//
// WriteText(...)
//
// Writes text to the screen
// at a designated row and column
// location using a specified screen
// attribute. If 0 number is specified
// for length then the text is written
// until the terminating NULL is found.
//
//////////////////////////////////////

void Pad::WriteText(int row,
            int col,
            int length,
            char *str,
            unsigned char attribute)
{
unsigned char far *scrn;
int count;
long offset;

//////////////////////
```

```
// cast
//
// int far * to
// char far *
//
// to address both
// Page char and
// attribute in as
// individuals

scrn = (unsigned char far *)ActivePage;

/////////////////////////
// calculate page offset
// for char and attr
// placement

offset = (long)(row*160)+(col*2);

/////////////////////////
// add page offset to
// pointer

scrn = scrn + offset;

/////////////////////////
// length is not 0 so
// print length number
// of chars and attrs

if(length!=0)
    {
    /////////////////////////
    // write length number
    // of chars and attrs

    for(count=0; count<length; count++)
        {
        /////////////////////////
        // move character
        // to page

        *scrn++ = *str++;

        /////////////////////////
        // move attribute
        // to page

        *scrn++ = (unsigned char)attribute;
        }
    }
else
    {
    /////////////////////////
    // write chars & attrs
    // until NULL char
    // found

    while(*str)
```

```
        {

        //////////////////////
        // move character
        // to page

        *scrn++ = *str++;

        //////////////////////
        // move attribute
        // to page

        *scrn++ = (unsigned char)attribute;

        }

    }
};

//////////////////////////////////////
//
// View(...)
//
// View file specified in fname
//
//////////////////////////////////////

int Pad::View()
{
int handle,lines,offset=0;
long length,bytes;
int counter;
int eflag;
int key;
int cnt;

//////////////////////
// print view docs to
// bottom row

Pad::WriteText(lower_right_row,
               upper_left_col+1,
               0,
               "<Up Arrow=Scroll Up> <Down Arrow=Scroll Down> <Esc=Quit>",
               attr);


//////////////////////
// display file

lines=0;

eflag=0;

do
    {
    Pad::display_file(lines,offset);

    key = Pad::ReadKey();

    //////////////////////
```

```
// check for return key
// list

cnt=0;

for(;;)
    {
    if(!keylist[cnt])
        break;
    if(keylist[cnt]==key)
        return key;
    cnt++;
    }


///////////////////////
// key on list not found
// so continue

switch(key)
    {
    case DOWN_ARROW:
        lines++;
        break;
    case UP_ARROW:
        if(lines>0)
            lines--;
        break;
    case ESCAPE:
        eflag=1;
        break;
    }
    } while (!eflag);

};

//////////////////////////////////////
//
// display_file
//
// displays the file starting at the
// pased line number
//
//////////////////////////////////////

void
Pad::display_file(int number,int offset)
{
int row;
int counter;
int length;

///////////////////////
// print the file
// line by line

for(row=upper_left_row+1; row<=lower_right_row-2; row++)
    {
    ///////////////////////
```

```
    // write line

    if(pad_text_array[number][0]!=0)
        Pad::WriteText(row,
                        upper_left_col+1,
                        width-3,
                        pad_text_array[number],
                        attr);
    else
        Pad::RepeatChar(row,upper_left_col+1,width-2,' ',attr);
    number++;
    }
};

/////////////////////////////////////
//
// ReadKey
//
// Stop program execution and
// use the BIOS to read a 16 bit
// key
//
/////////////////////////////////////

int Pad::ReadKey()
{
union REGS ir,or;
ir.h.ah = 0;

int86(0x16,&ir,&or);


return or.x.ax;
}
```

Figure 6-5 presents the source code listing to PAD2.CPP. This file contains the source to a C function named process_pad_file(. . .).

Let's compile PAD2.CPP. From the command line, type

    cc pad2

and press Enter.

6-5 Source code listing of PAD2.CPP.

```
/////////////////////////////////
//
// pad2.cpp
//
/////////////////////////////////

////////////////////////////
// include files for
// C++ I/O

#include <iostream.h>
```

```
#include <fstream.h>
#include <stdlib.h>
#include <mem.h>
#include <string.h>
#include <conio.h>
#include <stdio.h>

void process_pad_file(char *fname);


/////////////////////////
// include Windcrest
// class header files

#include "location.h"
#include "cursor.h"
#include "printer.h"
#include "attribut.h"
#include "box.h"
#include "pad.h"
#include "screen.h"

/////////////////////////////
// extern declared in
// PAD.CPP

extern char pad_text_array[PAD_MAX_ROWS][PAD_MAX_COLS];

/////////////////////////////////
//
// process_pad_file
//
// Load in file and place in
// pad_text_array
//
/////////////////////////////////

void process_pad_file(char *fname)
{
char value;
int cnt;
long pos;
int number;
int lines;
int chars;

/////////////////////////
// clear array

for(lines=0; lines<PAD_MAX_ROWS; lines++)
        memset(pad_text_array[lines],0,PAD_MAX_COLS);

/////////////////////////
// open file for
// input file stream
//
// declare ifstream
// class F1
ifstream F1(fname);
```

```
///////////////////////
// initialize
// lines - line counter
//         into array
// chars - index on
//         row

chars = 0;
lines=0;

///////////////////////
// read file char by
// char until EOF found

for(;;)
    {
    ///////////////////////
    // get char from file

    value = F1.peek();

    ///////////////////////
    // End Of File?

    if(value==EOF)

        // terminate file read loop

        break;

    for(;;)
        {
        value = F1.get();
        if(value=='\n')
            break;
        else
            {
            if(value==0x09) // tab
                {
                pad_text_array[lines][chars++] = ' ';
                pad_text_array[lines][chars++] = ' ';
                pad_text_array[lines][chars++] = ' ';
                }
            else
                if(value>=0x20&&value<=0x7d)
                    pad_text_array[lines][chars++] = value;

            }
        }
    chars = 0;
    lines++;
    }

///////////////////////
// close the opened file

F1.close();

};
```

Now let's add PAD2.OBJ to our TABCPP.LIB class library file. From the command line, type

    addlib pad2

and press Enter.

Figure 6-6 presents the source code listing to PROG18.CPP, a file that clearly demonstrates the Pad class in action.

Let's compile and link PROG18.CPP. From the command line, type

    cc prog18

and press Enter.

From the command line, type

    ccl prog18

and press Enter.

When you execute PROG18.EXE, a Pad class window will pop up on the screen and display the source code to PROG18.CPP. You may scroll up and down the text by using the Up and Down arrow keys.

6-6 Source code listing of PROG18.CPP.

```
//////////////////////////////////////
//
// prog18.cpp
//
// Demonstrates the use of
//   Pad constructor
//
//
//////////////////////////////////////

////////////////////////
// includes

#include <process.h>
#include <conio.h>
#include <stdlib.h>
#include <stdio.h>
#include "keyboard.h"

////////////////////////
// include class defs

#include "attribut.h"
#include "location.h"
#include "screen.h"
#include "box.h"
#include "cursor.h"
#include "pad.h"

////////////////////////
// pad quit key list
```

```
int quitlist[3] = {
   ESCAPE,
   0 );

//////////////////////
// test program begins
// here

void main()
{
int value;

//////////////////////
// declare Attributes

Attribute A1(WHITE,BLUE);

//////////////////////
// declare screen class

Screen S1(A1.Original());

//////////////////////
// Declare cursor class

Cursor C1(7,8);

//////////////////////
// hide the cursor

C1.Hide();

//////////////////////
// Box class is
// displayed
//
//////////////////////

//////////////////////
// set pointers to list

Pad PAD1("prog18.cpp",  // program for view test
   quitlist,            // list of exit keys
   5,                   // upper left row -> 0
   20,                  // upper left col -> 10
   16,                  // lower right row -> 12
   78,                  // lower right col -> 50
   ' ',                 // fill char = period
   A1.Original());      // box attr

//////////////////////
// view the file

value = PAD1.View();

//////////////////////
// hide the cursor

C1.Hide();

//////////////////////
```

```
// remove PAD1

PAD1.Remove();

//////////////////////////
// show the cursor

C1.Show();

}
```

Summary

The Pad class presents all you need to create a pop-up style resizable and relocatable viewer on the screen. The Pad class inherited some member methods and class data from the Box class.

Figure 6-7 presents the source code listing to PROG19.CPP. This Pad class demonstration program pops up a pad viewer which displays the text to PAD19.CPP. However, if you press Alt-A, another Pad class viewer will pop-up over the PROG19.CPP source and display the PROG18.CPP source. By examining the source in PROG19.CPP, you'll see one way to display the text from two files on the screen at the same time.

Let's compile and link PROG19.CPP. From the command line, type

cc prog19

and press Enter.

From the command line, type

ccl prog19

and press Enter.

Running PROG19.EXE demonstrates the use of overlapping Pad class file viewers in action.

6-7 Source code listing of PROG19.CPP.

```
///////////////////////////////////////
//
// prog19.cpp
//
// Demonstrates the use of
//   Pad constructor
//
//
///////////////////////////////////////

//////////////////////////
// includes

#include <process.h>
```

```
#include <conio.h>
#include <stdlib.h>
#include <stdio.h>
#include "keyboard.h"

/////////////////////////
// include class defs

#include "attribut.h"
#include "location.h"
#include "screen.h"
#include "box.h"
#include "cursor.h"
#include "pad.h"

/////////////////////////
// pad quit key list

int quitlist[3] = {
   ALT_A,
   ESCAPE,
   0 };

/////////////////////////
// global pointer array


char **ll;

/////////////////////////
// test program begins
// here

void main()
{
int value;

/////////////////////////
// declare Attributes

Attribute A1(WHITE,BLUE);

/////////////////////////
// declare screen class

Screen S1(A1.Original());

/////////////////////////
// Declare cursor class

Cursor C1(7,8);

/////////////////////////
// hide the cursor

C1.Hide();

/////////////////////////
// Box class is
// displayed
```

6-7 Continued.

```
//
/////////////////////

/////////////////////////
// set pointers to list

Pad PAD1("prog19.cpp", // program for view test
    quitlist,           // list of exit keys
    0,                  // upper left row -> 0
    0,                  // upper left col -> 10
    23,                 // lower right row -> 12
    79,                 // lower right col -> 50
    ' ',                // fill char = period
    A1.Original());     // box attr

loc_1:

/////////////////////////
// view the file

value = PAD1.View();

if(value==ESCAPE)
    goto   exit_to_dos;

if(value==ALT_A)
    value = spawnlp(P_WAIT,"prog18.exe","prog18.exe",NULL);

/////////////////////////
// hide the cursor

C1.Hide();
goto loc_1;

exit_to_dos:

/////////////////////////
// remove PAD1

PAD1.Remove();

/////////////////////////
// show the cursor

C1.Show();

}
```

Finally, FIG. 6-8 presents the TABCPP.LIB library listing file.

The Pad class has been presented as a starting point for you to explore your own creativity and C++ programming skill. Take the Dorfman challenge!! Turn the Pad class into a truly robust class. Remember, I'd love to see your efforts.

Publics by module

ATTRIBUT   size = 455
   Attribute::Attribute(unsigned char,unsigned char)
   Attribute::Reset(unsigned char,unsigned char)

BOX   size = 935
   Box::Box(int,int,int,int,char,unsigned char)
   Box::BRestore()
   Box::BSave()
   Box::Destroy()
   Box::Display()
   Box::MoveRelativeTo(int,int)
   Box::MoveTo(int,int)
   Box::Remove()
   Box::Restore()
   Box::Save()

CURSOR   size = 660
   Cursor::Cursor(unsigned char,unsigned char)
   Cursor::Hide()
   Cursor::MoveRelativeTo(int,int)
   Cursor::MoveTo(int,int)
   Cursor::RestoreLocation()
   Cursor::RestoreSize()
   Cursor::SaveLocation()
   Cursor::SaveSize()
   Cursor::Show()
   Cursor::Size(int,int)

LOCATION   size = 91
   Location::Location(int,int)
   Location::Modify(int,int)
   Location::Reset(int,int)

PAD   size = 1955
   Pad::Pad(char near*,
        char near*near*,
        int near*,
        int,int,int,int,int,int,
        char,unsigned char)
   Pad::BRestore()
   Pad::BSave()
   Pad::Destroy()
   Pad::Display()
   Pad::MoveRelativeTo(int,int)
   Pad::MoveTo(int,int)
   Pad::ReadKey()
   Pad::Remove()
   Pad::RepeatChar(int,int,int,char,unsigned char)
   Pad::Restore()
   Pad::Save()
   Pad::View()
   Pad::WriteChar(int,int,char,unsigned char)
   Pad::WriteText(int,int,int,char near*,unsigned char)
   Pad::WriteVBar(int,int,int,unsigned char)
   Pad::display_file(int,int)

```
PAD2        size = 323
   process_pad_file(char near*,char near*near*,int,int)

PRINTER     size = 466
   Printer::Printer(int)
   Printer::CarriageReturn()
   Printer::Error()
   Printer::FormFeed()
   Printer::GetStatus()
   Printer::Initialize()
   Printer::LineFeed()
   Printer::NewLine()
   Printer::PrintScreen()
   Printer::SetColumn(int)
   Printer::WriteChar(char)
   Printer::WriteText(char near*,int)

SCREEN      size = 1850
   Screen::Screen(unsigned char)
   Screen::Attribute(unsigned char)
   Screen::Clear(unsigned char)
   Screen::CopyPage(int,int)
   Screen::ExtractAttribute(int)
   Screen::ExtractChar(int)
   Screen::FlipPage(int)
   Screen::ReadChar(int,int)
   Screen::ReadString(int,int,int,char near*)
   Screen::ReadText(int,int,int,unsigned int near*)
   Screen::RepeatAttribute(int,int,int,unsigned char)
   Screen::RepeatChar(int,int,int,char,unsigned char)
   Screen::Restore()
   Screen::Save()
   Screen::SelectPage(int)
   Screen::WriteChar(int,int,char,unsigned char)
   Screen::WriteHBar(int,int,int,unsigned char)
   Screen::WriteString(int,int,int,char near*)
   Screen::WriteText(int,int,int,char near*,unsigned char)
   Screen::WriteVBar(int,int,int,unsigned char)

WGLOBAL     size = 16004
   _ActivePage
   _bp
   _p1
   _p2
   _p3
```

7

EMS memory management in C++

I've intended this chapter to be a simple introduction on how to use the Ems class member methods to

- identify if there is any EMS memory installed in your computer.
- ascertain how much free EMS memory is available.
- how to allocate EMS memory for your program's use.
- write to EMS memory, read from EMS memory.
- free previously allocated EMS memory.

EMS memory becomes available to your program in 64K blocks. You might conceive of these 64K blocks of memory as page frames. Basically, you write up to 64K of data to one page frame and then flip to another page frame and write more. If you must get the data on the first page frame, simply flip back and read it.

Each 64K page frame is composed of four 16K *physical* pages, which are taken (really mapped) from a long collection of what are called *logical* pages. Let's try to visualize the relationship between 16K logical pages, 16K physical pages, and 64K page frames.

Suppose you have a box of 20 index cards numbered from 0 to 19. These index cards can be thought of as being like the 16K logical pages.

Also suppose that you have a small frame that can hold 4 index cards at once. This frame can be thought of as the 64K page frame, able to hold four 16K physical pages.

Let's say you want to write some information to cards 0, 2, 5, and 6. You go to your card file (logical pages) and select cards numbered 0, 2, 5, and 6 (map logical pages 0, 2, 5 , and 6) and place the four index cards in your index card frame (physical page 0 holds logical page 0, physical page

1 holds logical page 2, physical page 2 holds logical page 5, and physical page 3 holds logical page 5).

You can think of the EMS page mapping process like this:

1. Map four different 16K logical pages to the four different 16K physical pages.
2. Read from or write to physical pages.
3. Move new 16K logical pages to physical pages.
4. Go to 2.

That's all that I'm going to say in this C++ book about EMS. If you want to know more about the history behind EMS, look at James Forney's *MS-DOS, Beyond 640K* (Windcrest/McGraw Hill #3239); or if you're interested in learning more about EMS operations, I can refer you to Ray Duncan's *Extending DOS* (Addison Wesley #55053). Both these fine books concentrate on explaining Extended (XMS) and Expanded (EMS) memory.

Soon, Mark Neuberger's and my *Memory Management for C Programmers* will be published. This book will give a comprehensive explanation of EMS and XMS, along with the code for a comprehensive EMS, XMS, and virtual memory programmer's interface.

I wrote this chapter for C++ programmers who want to use EMS memory in their C++ programs. You don't need to be an EMS maven, however, to use EMS.

An ancillary topic covered in this chapter is also calling assembly subroutines from C++, important because function and member method naming conventions in C and C++ are very different. Without knowledge of Turbo C++'s function and member method naming conventions, a C programmer can go bonkers trying to avoid the dreaded "Function not found" link error.

The Ems class

Figure 7-1 presents the source code listing to EMS.H, which is the formal definition of the Ems class. Figure 7-2 presents the source code listing to EMS.CPP, which presents the source for the Ems class member methods.

7-1 Source code listing of EMS.H.

```
////////////////////////////////////////
//
// ems.h
//
// Ems Class definition
//
////////////////////////////////////////
class Ems {
    unsigned int EMSseg;      // ems page frame segment
    void far *EMSptr;         // pointer to page frame
    int Handles[1024];        // array of handles
```

```
    int Offsets[1024];         // array offset from frame beginning
    int LogPage[1024];         // array of logical pages
    int EMStotal;              // total ems pages
    int EMSfree;               // number free ems pages
    int EMSmaj;                // major ver (3, 4, etc) number
    int EMSmin;                // minor ver (.0, .1, etc) number
    char EMSascii[5];          // ascii version
    int available;            // ems -> 0=available,1=not available
    int presnt;                // ems -> 0=present,1=not present
    int status;                // ems -> 0=OK,1=error
    int success;               // 0=successful ems init,1=unsuccessful init
public:                        // methods are public
    Ems(int pages);            // Ems constructor
    Free() {return EMSfree;}    // return number of free pages
    Total() {return EMStotal;}  // return total number ems pages
    Present() {return presnt;}  // return 0 if ems present, 1 not present
    Status() {return status;}   // return 0 if ems status ok, 1 not ok
    MajVersion()               // get Ems major version
        {return EMSmaj;}        // number
    MinVersion()               // get Ems minor version
        {return EMSmin;}        // number
    char *AsciiVersion()       // return pointer to ASCII
        {return EMSascii;}      // ascii version
    void Available();          // get tot and free pages
    Allocate(int num_pag);     // allocates num 16K page blocks
    Map(int hndl,int phys,int log); // map ems frame
    Release(int hndl);         // release memory
    WriteData(int handle,      // ems handle
              int phys_page,    // physical emm page
              int log_page,     // logical emm page
              int offset,       // offset into 16 page
              char *srce,       // pointer to source
              int length);      // length=bytes,length=0 -> copy till NULL
    ReadData( int handle,      // handle of memory
              int phys_page,    // physical emm page
              int log_page,     // logical emm page
              int offset,       // offset into 16 page
              char *dest,       // pointer to destination
              int length);      // length=bytes
};
```

Let's compile EMS.CPP. From the command line, type

cc ems

and press Enter.

Now let's add EMS.OBJ to your TABCPP.LIB class library file. From the command line, type

addlib ems

and press Enter.

Before we can test the Ems class member methods, we must overcome one seemingly trivial complication. Note that there is a C type function named IsEms( ) called from the Ems::Ems(...) constructor member method (see FIG. 7-2). This function has been coded in assembly, and what you see isn't what you get.

```
/////////////////////////////////////
//
// ems.cpp
//
// Ems class methods
//
/////////////////////////////////////

///////////////////////
// include dos.h for
// BIOS interface

#include <stdio.h>
#include <alloc.h>
#include <mem.h>
#include <dos.h>

///////////////////////
// include Ems class
// definition

#include "ems.h"

///////////////////////
// protoypes

int IsEms(void);

///////////////////////
//
// Ems
//
// Ems class constructor
// initializes EMS for
// using four 4K buffers
// (referenced by
// handles) within the
// 16K page.
//
// Each handle refers to
// a 4K memory block.
//
//
///////////////////////

Ems::Ems(int pages)
{
union REGS ir,or;

///////////////////////
// determine if ems is
// present via open
// file method

presnt = IsEms();

// if error -> return
```

```
        if(presnt)
            return;

///////////////////////////
// check ems status

///////////////////////////
// invoke function 40h
// of interrupt 67h
// to get ems status

ir.h.ah = 0x40;

int86(0x67,&ir,&or);

///////////////////////////
// return status

status = (int)or.h.ah;

// if bad status -> return

if(status)
    return;

///////////////////////////
// get emm version
// via function 46h
// of int 67h

ir.h.ah = 0x46;

int86(0x67,&ir,&or);

// store EMS major value

EMSmaj = (or.h.al>>4);

// store EMS minor value

EMSmin = (or.h.al&15);

// store EMS ascii string

memset(EMSascii,0,5);

sprintf(EMSascii,"%d.%d",EMSmaj,EMSmin);

///////////////////////////
// check to see how many
// ems pages are free and
// the total of ems pages

Ems::Available();

///////////////////////////
// set success value
// if required pages
// is less than pages
// available
```

```
if(pages>=EMSfree)
    {
    success=1;   // not enough ems
    return;
    }
else
    success=0;   // enough ems so continue
                        // initialization


///////////////////////
// get page frame
// address via function
// 41h of int 67h

ir.h.ah = 0x41;

int86(0x67,&ir,&or);

// store segment

EMSseg = or.x.bx;

// create char far * to page frame

EMSptr = MK_FP(EMSseg,0);

};

///////////////////////////////////////
//
// Available
//
// gets the total number of pages
//        EMStotal
//
// get the number of available (free)
// pages
//        EMSfree
//
///////////////////////////////////////

void Ems::Available()
{
union REGS ir,or;

///////////////////////
// get the number of
// ems pages via
// function 42h of
// int 67h

ir.h.ah = 0x42;

int86(0x67,&ir,&or);

// store total page number

EMStotal = or.x.dx;
```

```
                                // store available ems pages

                                EMSfree = or.x.bx;

                                };

                                ///////////////////////////////////
                                //
                                // Allocate
                                //
                                // Allocate Handles[] and Offsets[]
                                //
                                // returns 0 on success
                                //         1 on failure
                                //
                                ///////////////////////////////////
                                int Ems::Allocate(int pag_num)
                                {
                                union REGS ir,or;

                                //////////////////////////
                                //  get free page number

                                Ems::Available();

                                //////////////////////////
                                // is requested
                                // allocation greater
                                // than free 16k ems
                                // pages?

                                if(pag_num > EMSfree)
                                    return 1;    // failure

                                //////////////////////////
                                // valid request so
                                // allocate memory via
                                // function 43h of int
                                // 67h

                                ir.h.ah = 0x43;

                                ir.x.bx = pag_num; // requested pages

                                int86(0x67,&ir,&or);

                                //////////////////////////
                                // on error return -1

                                if(or.h.ah)
                                    return -1;

                                //////////////////////////
                                // on successful
                                // allocation
                                // return handle

                                return or.x.dx;
                                };
```

7-2 Continued.

```
///////////////////////////////////
//
// Map
//
// Maps logical page to physical page
// referenced by handle returned by
// previously invoked Allocate(int num)
//
// returns 0 on success
//         1 on failure
//
///////////////////////////////////

int Ems::Map(int hndl,int phys,int log)
{
union REGS ir,or;

/////////////////////////
// map Exp. mem page via
// function 44h of int
// 67h


ir.x.dx = hndl;

ir.x.bx = log;

ir.h.al = (unsigned char)phys;

ir.h.ah = 0x44;

int86(0x67,&ir,&or);

/////////////////////////
// return 0 on success
//        1 on failure

if(or.h.ah)
   return 1; // failure
else
   return 0; // success
};

///////////////////////////////////
//
// Release
//
// Release EMM memory for future use
//
// returns 0 on success
//         1 on failure
//
///////////////////////////////////

int Ems::Release(int hndl)
{
union REGS ir,or;

/////////////////////////
```

```
                    // release EMM page via
                    // function 45h of int
                    // 67h

                    ir.h.ah = 0x45;

                    ir.x.dx = hndl;

                    int86(0x67,&ir,&or);

                    ////////////////////////
                    // return 0 on success
                    //         1 on failure

                    if(or.h.ah)
                        return 1; // failure
                    else
                        return 0; // success
                    };

                    /////////////////////////////////////
                    //
                    // WriteData
                    //
                    // Write data from source buffer
                    // to destination in EMS
                    // Where you specify the:
                    //   1) Physical Page
                    //   2) Logical Page
                    //   3) Offset into 16K page
                    //   4) Pointer to source
                    //   5) Length of data to move
                    //          if Length = 0
                    //              write data till NULL
                    //          else
                    //              write Length bytes of data
                    //
                    /////////////////////////////////////


                    int Ems::WriteData(int handle,
                                       int phys_pag,
                                       int log_pag,
                                       int offset,
                                       char *srce,
                                       int length)
                    {
                    char far *fptr;
                    char ch;
                    int cnt;
                    long off;

                    ////////////////////////
                    // map logical page of
                    // write to specified
                    // physical page

                    Ems::Map(handle,phys_pag,log_pag);

                    ////////////////////////
```

```
// set far pointer to
// EMSptr & calculate
// page start & add page
// offset

// set fptr to EMSptr

fptr = (char far *)EMSptr;

// add page start

off = phys_pag;
off *= 16384L;
fptr += off;

// add page offset

fptr += offset;

/////////////////////////
// begin data transfer

// if length is 0 the write till 0

if(!length)
    {
    // endless loop

    for(;;)
        {
        // get srce value

        ch = *srce;

        // if srce value is 0

        if(!ch)

            // then end loop

            break;

        // otherwise

        else

            // move data

            *fptr++ = *srce++;
        }
    }
else
    {
    for(cnt=0; cnt<length; cnt++)
        *fptr++ = *srce++;
    }

// return 0 on no error
```

```
                    return 0;

                    };

                    /////////////////////////////////////
                    //
                    // ReadData
                    //
                    // Read data from Ems
                    // to destination in low mem
                    // Where you specify the:
                    //  1) Physical Page
                    //  2) Logical Page
                    //  3) Offset into 16K page
                    //  4) Pointer to dest
                    //  5) Length of data to move
                    //
                    /////////////////////////////////////


                    int Ems::ReadData(int handle,
                                      int phys_pag,
                                      int log_pag,
                                      int offset,
                                      char *dest,
                                      int length)
                    {
                    char far *fptr;
                    char ch;
                    int cnt;
                    long off;

                    ////////////////////////
                    // map logical page of
                    // write to specified
                    // physical page

                    Ems::Map(handle,phys_pag,log_pag);

                    ////////////////////////
                    // set far pointer to
                    // EMSptr & calculate
                    // page start & add page
                    // offset

                    // set fptr to EMSptr

                    fptr = (char far *)EMSptr;

                    // add page start

                    off = phys_pag;
                    off *= 16384L;
                    fptr += off;

                    // add page offset

                    fptr += offset;

                    ////////////////////////
```

```
// begin data transfer

// if length is 0 the write till 0

if(!length)
    {
    // endless loop

    for(;;)
        {
        // get srce value

        ch = *fptr;

        // if dest value is 0

        if(!ch)

            // then end loop

            break;

        // otherwise

        else

            // move data

            *dest++ = *fptr++;
        }
    }
else
    {
    for(cnt=0; cnt<length; cnt++)
        *dest++ = *fptr++;
    }

// return 0 on no error

return 0;

};
```

Calling assembly subroutines from C++

At last, we're at the name-mangling discussion. Name-mangling: just say-ing this expression brings a smile to my lips.

At the source code level, C++ permits a programmer to have member methods with identical names distinguished only by their parameter list. How can this be done? When the compiler begins its magic, the member method or function name is altered to include additional characters that in fact represent the function or member method's parameter list.

Earlier in the book, I defined the term *polymorphism* as C++'s ability to have more than one member method with the same name. At the object module level, the member method name goes from what you have named it in your source code to a combination of what you have named it mixed with the added characters representing the function's parameter list.

Let's be more specific. In the Ems class constructor, a function coded in assembly named IsEms( ) is called. Here are some names for function IsEms( ) at the C++ or C source and assembly function source code level.

Names For Function IsEms( )

IsEms( )	C++ source code calling name
IsEms( )	C source code calling name
__IsEms	Asm. function name for C language
@IsEms$qv	Asm. name mangled function for C++ language

In simple language, if you have an assembly binding written for use in a C program, it will have to be renamed for use in a C++ program. The $64,000 question is "How do you figure out the C++ assembly function name?" I'm sure cogent rules exist for this name-mangling process, but I use a very direct and simple method for figuring out the required mangled name.

The process is as follows:

1. Write your C++ source file that calls an assembly function.
2. Compile your C++ source file using the −S Turbo C++ switch.
3. Look at the assembly listing generated by the −S switch that produces the mangled method and function names.

That's all you have to do.

Let's get the mangled name for function IsEms( ). From the command line, type

```
bcc −c −S ems.cpp
```

and press Enter.

When the Turbo C++ compiler has finished its work, you'll see a file named EMS.ASM in your directory. Figure 7-3 presents an abbreviated listing to the EMS.ASM file generated with Turbo C++'s −S switch. Look at FIG. 7-3 and see if you can find the IsEms( ) function mangled name.

7-3 Source code listing of EMS.ASM.

```
;-------------------------------------
; mangled ems.asm listing
;
        public      @Ems@$bctr$qi
        extrn       @$bnew$qui:near
        extrn       @IsEms$qv:near
        extrn       _int86:near
```

7-3 Continued.

```
        extrn       _memset:near
        extrn       _sprintf:near
        public      @Ems@Available$qv
        public      @Ems@Allocate$qi
        public      @Ems@Map$qiii
        public      @Ems@Release$qi
        public      @Ems@WriteData$qiiiipzci
        extrn       N_LXMUL@:near
        public      @Ems@ReadData$qiiiipzci
        ?debug      S "ems.cpp"
_TEXT   segment byte public 'CODE'
_TEXT   ends
    ;
    ;   Ems::Ems(int pages)
    ;
        assume      cs:_TEXT
@Ems@$bctr$qi   proc            near
        push        bp
        mov         bp,sp
        sub         sp,32
        push        si
        mov         si,word ptr [bp+4]
        or          si,si
        je          short @1@74
        jmp         short @1@98
@1@74:
        mov         ax,6171
        push        ax
        call        near ptr @$bnew$qui
        pop         cx
        mov         si,ax
@1@98:
        or          si,si
        jne         short @1@146
        mov         ax,si
        jmp         @1@386
@1@146:
    ;
    ;           {
    ;           union REGS ir,or;
    ;
    ;           ////////////////////////
    ;           // determine if ems is
    ;           // present via open
    ;           // file method
    ;
    ;           presnt = IsEms();
    ;
        call        near ptr @IsEms$qv
        mov         word ptr [si+6165],ax
    ;
    ;
    ;           // if error -> return
    ;
    ;           if(presnt)
    ;
        cmp         word ptr [si+6165],0
        je          short @1@194
        jmp         @1@362
```

```
@1@194:
        ;               return;
        ;
        ;               ///////////////////////
        ;               // check ems status
        ;
        ;               ///////////////////////
        ;               // invoke function 40h
        ;               // of interrupt 67h
        ;               // to get ems status
        ;
        ;               ir.h.ah = 0x40;
        ;
        mov     byte ptr [bp-15],64
        ;
        ;
        ;               int86(0x67,&ir,&or);
        ;
        lea     ax,word ptr [bp-32]
        push    ax
        lea     ax,word ptr [bp-16]
        push    ax
        mov     ax,103
        push    ax
        call    near ptr _int86
        add     sp,6
        ;
        ;
        ;               ///////////////////////
        ;               // return status
        ;
        ;               status = (int)or.h.ah;
        ;
        mov     al,byte ptr [bp-31]
        mov     ah,0
        mov     word ptr [si+6167],ax
        ;
        ;
        ;               // if bad status -> return
        ;
        ;               if(status)
        ;
        cmp     word ptr [si+6167],0
        je      short @1@242
        jmp     @1@362
@1@242:
        ;               return;
        ;
        ;               ///////////////////////
        ;               // get emm version
        ;               // via function 46h
        ;               // of int 67h
        ;
        ;               ir.h.ah = 0x46;
        ;
        mov     byte ptr [bp-15],70
        ;
        ;
```

```
;          int86(0x67,&ir,&or);
;
    lea       ax,word ptr [bp-32]
    push      ax
    lea       ax,word ptr [bp-16]
    push      ax
    mov       ax,103
    push      ax
    call      near ptr _int86
    add       sp,6
;
;
;          // store EMS major value
;
;          EMSmaj = (or.h.al>>4);
;
    mov       al,byte ptr [bp-32]
    mov       ah,0
    mov       cl,4
    sar       ax,cl
    mov       word ptr [si+6154],ax
;
;
;          // store EMS minor value
;
;          EMSmin = (or.h.al&15);
;
    mov       al,byte ptr [bp-32]
    mov       ah,0
    and       ax,15
    mov       word ptr [si+6156],ax
;
;
;          // store EMS ascii string
;
;          memset(EMSascii,0,5);
;
    mov       ax,5
    push      ax
    xor       ax,ax
    push      ax
    mov       ax,si
    add       ax,6158
    push      ax
    call      near ptr _memset
    add       sp,6
;
;
;          sprintf(EMSascii,"%d.%d",EMSmaj,EMSmin);
;
    push      word ptr [si+6156]
    push      word ptr [si+6154]
    mov       ax,offset DGROUP:s@
    push      ax
    mov       ax,si
    add       ax,6158
    push      ax
    call      near ptr _sprintf
    add       sp,8
```

```
        ;
        ;
        ;               ///////////////////////
        ;               // check to see how many
        ;               // ems pages are free and
        ;               // the total of ems pages
        ;
        ;               Ems::Available();
        ;
        push    si
        call    near ptr @Ems@Available$qv
        pop     cx
        ;
        ;
        ;               ///////////////////////
        ;               // set success value
        ;               // if required pages
        ;               // is less than pages
        ;               // available
        ;
        ;               if(pages>=EMSfree)
        ;
        mov     ax,word ptr [si+6152]
        cmp     ax,word ptr [bp+6]
        jg      short @1@314
        ;
        ;                   {
        ;                   success=1;  // not enough ems
        ;
        mov     word ptr [si+6169],1
        jmp     short @1@362
        jmp     short @1@338
@1@314:
        ;
        ;                   return;
        ;                   }
        ;               else
        ;                   success=0;  // enough ems so continue
        ;
        mov     word ptr [si+6169],0
@1@338:
        ;                                   // initialization
        ;
        ;
        ;
        ;               ///////////////////////
        ;               // get page frame
        ;               // address via function
        ;               // 41h of int 67h
        ;
        ;               ir.h.ah = 0x41;
        ;
        mov     byte ptr [bp-15],65
        ;
        ;
        ;               int86(0x67,&ir,&or);
        ;
        lea     ax,word ptr [bp-32]
        push    ax
        lea     ax,word ptr [bp-16]
        push    ax
```

7-3 Continued.

```
        mov     ax,103
        push    ax
        call    near ptr _int86
        add     sp,6
;
;
;           // store segment
;
;           EMSseg = or.x.bx;
;
        mov     ax,word ptr [bp-30]
        mov     word ptr [si],ax
;
;
;           // create char far * to page frame
;
;           EMSptr = MK_FP(EMSseg,0);
;
        mov     ax,word ptr [si]
        mov     word ptr [si+4],ax
        mov     word ptr [si+2],0
@1@362:
;
;
;           };
;
        mov     ax,si
        jmp     short @1@386
@1@386:
        pop     si
        mov     sp,bp
        pop     bp
        ret
@Ems@$bctr$qi          endp
;           void Ems::Available()
;
        assume          cs:_TEXT
@Ems@Available$qv       proc            near
        push    bp
        mov     bp,sp
        sub     sp,32
        push    si
        mov     si,word ptr [bp+4]
;
;           {
;           union REGS ir,or;
;
;           ///////////////////////
;           // get the number of
;           // ems pages via
;           // function 42h of
;           // int 67h
;
;           ir.h.ah = 0x42;
;
        mov     byte ptr [bp-15],66
;
;
```

```
;             int86(0x67,&ir,&or);
;
        lea     ax,word ptr [bp-32]
        push    ax
        lea     ax,word ptr [bp-16]
        push    ax
        mov     ax,103
        push    ax
        call    near ptr _int86
        add     sp,6
;
;
;             // store total page number
;
;             EMStotal = or.x.dx;
;
        mov     ax,word ptr [bp-26]
        mov     word ptr [si+6150],ax
;
;
;             // store available ems pages
;
;             EMSfree = or.x.bx;
;
        mov     ax,word ptr [bp-30]
        mov     word ptr [si+6152],ax
;
;
;             };
;
        pop     si
        mov     sp,bp
        pop     bp
        ret
@Ems@Available$qv       endp
;
;             int Ems::Allocate(int pag_num)
;
        assume  cs:_TEXT
@Ems@Allocate$qi proc          near
        push    bp
        mov     bp,sp
        sub     sp,32
        push    si
        push    di
        mov     si,word ptr [bp+4]
        mov     di,word ptr [bp+6]
;
;             {
;             union REGS ir,or;
;
;             /////////////////////////
;             //  get free page number
;
;             Ems::Available();
;
        push    si
        call    near ptr @Ems@Available$qv
        pop     cx
;
```

```
;
;                   ///////////////////////
;                   // is requested
;                   // allocation greater
;                   // than free 16k ems
;                   // pages?
;
;                   if(pag_num > EMSfree)
;
        cmp     word ptr [si+6152],di
        jge     short @3@74
;
;                   return 1;    // failure
;
        mov     ax,1
        jmp     short @3@146
@3@74:
;
;
;                   ///////////////////////
;                   // valid request so
;                   // allocate memory via
;                   // function 43h of int
;                   // 67h
;
;                   ir.h.ah = 0x43;
;
        mov     byte ptr [bp-15],67
;
;
;                   ir.x.bx = pag_num; // requested pages
;
        mov     word ptr [bp-14],di
;
;
;                   int86(0x67,&ir,&or);
;
        lea     ax,word ptr [bp-32]
        push    ax
        lea     ax,word ptr [bp-16]
        push    ax
        mov     ax,103
        push    ax
        call    near ptr _int86
        add     sp,6
;
;
;                   ///////////////////////
;                   // on error return -1
;
;                   if(or.h.ah)
;
        cmp     byte ptr [bp-31],0
        je      short @3@122
;
;                   return -1;
;
        mov     ax,65535
        jmp     short @3@146
```

```
@3@122:
        ;
        ;                             [bp-15],58
        ;               ///////////////////////
        ;               // on successful
        ;               // allocation
        ;               // return handle
        ;
        ;               return or.x.dx;
        ;
        mov     ax,word ptr [bp-26]
        jmp     short @3@146
@3@146:
        ;
        ;               };
        ;
        pop     di
        pop     si
        mov     sp,bp
        pop     bp
        ret
@Ems@Allocate$qi endp
        ;
        ;               int Ems::Map(int hndl,int phys,int log)
        ;
        assume  cs:_TEXT
@Ems@Map$qiii   proc            near
        push    bp
        mov     bp,sp
        sub     sp,32
        ;
        ;               {
        ;               union REGS ir,or;
        ;
        ;               ///////////////////////
        ;               // map Exp. mem page via
        ;               // function 44h of int
        ;               // 67h
        ;
        ;
        ;               ir.x.dx = hndl;
        ;
        mov     ax,word ptr [bp+6]
        mov     word ptr [bp-10],ax
        ;
        ;
        ;               ir.x.bx = log;
        ;
        mov     ax,word ptr [bp+10]
        mov     word ptr [bp-14],ax
        ;
        ;
        ;               ir.h.al = (unsigned char)phys;
        ;
        mov     al,byte ptr [bp+8]
        mov     byte ptr [bp-16],al
        ;
        ;
        ;               ir.h.ah = 0x44;
        ;
```

```
        mov     byte ptr [bp-15],68
;
;
;           int86(0x67,&ir,&or);
;
        lea     ax,word ptr [bp-32]
        push    ax
        lea     ax,word ptr [bp-16]
        push    ax
        mov     ax,103
        push    ax
        call    near ptr _int86
        add     sp,6
;
;
;           /////////////////////////
;           // return 0 on success
;           //        1 on failure
;
;
;           if(or.h.ah)
;
        cmp     byte ptr [bp-31],0
        je      short @4@98
;
;               return 1; // failure
;
        mov     ax,1
        jmp     short @4@122
        jmp     short @4@122
@4@98:
;
;           else
;               return 0; // success
;
        xor     ax,ax
        jmp     short @4@122
@4@122:
;
;           };
;
        mov     sp,bp
        pop     bp
        ret
@Ems@Map$qiii   endp
;
;           int Ems::Release(int hndl)
;
        assume  cs:_TEXT
@Ems@Release$qi proc            near
        push    bp
        mov     bp,sp
        sub     sp,32
;
;           {
;           union REGS ir,or;
;
;           //////////////////////////
;           // release EMM page via
;           // function 45h of int
```

```
;               // 67h
;
;               ir.h.ah = 0x45;
;
        mov     byte ptr [bp-15],69
;
;
;               ir.x.dx = hndl;
;
        mov     ax,word ptr [bp+6]
        mov     word ptr [bp-10],ax
;
;
;               int86(0x67,&ir,&or);
;
        lea     ax,word ptr [bp-32]
        push    ax
        lea     ax,word ptr [bp-16]
        push    ax
        mov     ax,103
        push    ax
        call    near ptr _int86
        add     sp,6
;
;
;               ///////////////////////
;               // return 0 on success
;               //          1 on failure
;
;               if(or.h.ah)
;
        cmp     byte ptr [bp-31],0
        je      short @5@98
;
;                   return 1; // failure
;
        mov     ax,1
        jmp     short @5@122
        jmp     short @5@122
@5@98:
;
;               else
;                   return 0; // success
;
        xor     ax,ax
        jmp     short @5@122
@5@122:
;
;               };
;
        mov     sp,bp
        pop     bp
        ret
@Ems@Release$qi endp
;
;               int Ems::WriteData(int handle,
;
        assume          cs:_TEXT
@Ems@WriteData$qiiiipzci        proc        near
        push    bp
        mov     bp,sp
```

```
        sub     sp,10
        push    si
        push    di
        mov     si,word ptr [bp+14]
;
;                               int phys_pag,
;                               int log_pag,
;                               int offset,
;                               char *srce,
;                               int length)
;
;               {
;               char far *fptr;
;               char ch;
;               int cnt;
;               long off;
;
;               /////////////////////////
;               // map logical page of
;               // write to specified
;               // physical page
;
;               Ems::Map(handle,phys_pag,log_pag);
;
        push    word ptr [bp+10]
        push    word ptr [bp+8]
        push    word ptr [bp+6]
        push    word ptr [bp+4]
        call    near ptr @Ems@Map$qiii
        add     sp,8
;
;
;               /////////////////////////
;               // set far pointer to
;               // EMSptr & calculate
;               // page start & add page
;               // offset
;
;               // set fptr to EMSptr
;
;               fptr = (char far *)EMSptr;
;
        mov     bx,word ptr [bp+4]
        mov     ax,word ptr [bx+4]
        mov     dx,word ptr [bx+2]
        mov     word ptr [bp-2],ax
        mov     word ptr [bp-4],dx
;
;
;               // add page start
;
;               off = phys_pag;
;
        mov     ax,word ptr [bp+8]
        cwd
        mov     word ptr [bp-8],dx
        mov     word ptr [bp-10],ax
;
;               off *= 16384L;
;
```

```
        xor     cx,cx
        mov     bx,16384
        mov     dx,word ptr [bp-8]
        mov     ax,word ptr [bp-10]
        call    near ptr N_LXMUL@
        mov     word ptr [bp-8],dx
        mov     word ptr [bp-10],ax
;
;       fptr += off;
;
        mov     ax,word ptr [bp-10]
        add     word ptr [bp-4],ax
;
;
;       // add page offset
;
;       fptr += offset;
;
        mov     ax,word ptr [bp+12]
        add     word ptr [bp-4],ax
;
;
;       ///////////////////////
;       // begin data transfer
;
;       // if length is 0 the write till 0
;
;       if(!length)
;
        cmp     word ptr [bp+16],0
        jne     short @6@194
@6@50:
;
;               {
;
;               // endless loop
;
;               for(;;)
;                   {
;                   // get srce value
;
;                   ch = *srce;
;
        mov     al,byte ptr [si]
        mov     byte ptr [bp-5],al
;
;
;                   // if srce value is 0
;
;                   if(!ch)
;
        mov     al,byte ptr [bp-5]
        cbw
        or      ax,ax
        jne     short @6@122
        jmp     short @6@170
        jmp     short @6@146
@6@122:
;
;
```

```
;             // then end loop
;
;                 break;
;
;             // otherwise
;
;                 else
;
;                     // move data
;
;                     *fptr++ = *srce++;
;
        les     bx,dword ptr [bp-4]
        inc     word ptr [bp-4]
        push    es
        push    bx
        mov     bx,si
        inc     si
        mov     al,byte ptr [bx]
        pop     bx
        pop     es
        mov     byte ptr es:[bx],al
@6@146:
        jmp     short @6@50
@6@170:
        jmp     short @6@290
@6@194:
;                 }
;             }
;         else
;             {
;             for(cnt=0; cnt<length; cnt++)
;
        xor     di,di
        jmp     short @6@266
@6@218:
;
;                 *fptr++ = *srce++;
;
        les     bx,dword ptr [bp-4]
        inc     word ptr [bp-4]
        push    es
        push    bx
        mov     bx,si
        inc     si
        mov     al,byte ptr [bx]
        pop     bx
        pop     es
        mov     byte ptr es:[bx],al
        inc     di
@6@266:
        cmp     di,word ptr [bp+16]
        jl      short @6@218
@6@290:
;
;             }
;
```

```
;               // return 0 on no error
;
;               return 0;
;
        xor     ax,ax
        jmp     short @6@314
@6@314:
;
;
;               };
;
        pop     di
        pop     si
        mov     sp,bp
        pop     bp
        ret
@Ems@WriteData$qiiiipzci        endp
;
;               int Ems::ReadData(int handle,
;
        assume  cs:_TEXT
@Ems@ReadData$qiiiipzci         proc            near
        push    bp
        mov     bp,sp
        sub     sp,10
        push    si
        push    di
        mov     si,word ptr [bp+14]
;
;                               int phys_pag,
;                               int log_pag,
;                               int offset,
;                               char *dest,
;                               int length)
;               {
;               char far *fptr;
;               char ch;
;               int cnt;
;               long off;
;
;               /////////////////////
;               // map logical page of
;               // write to specified
;               // physical page
;
;               Ems::Map(handle,phys_pag,log_pag);
;
        push    word ptr [bp+10]
        push    word ptr [bp+8]
        push    word ptr [bp+6]
        push    word ptr [bp+4]
        call    near ptr @Ems@Map$qiii
        add     sp,8
;
;
;               /////////////////////
;               // set far pointer to
;               // EMSptr & calculate
;               // page start & add page
;               // offset
```

```
;
;           // set fptr to EMSptr
;
;           fptr = (char far *)EMSptr;
;
    mov     bx,word ptr [bp+4]
    mov     ax,word ptr [bx+4]
    mov     dx,word ptr [bx+2]
    mov     word ptr [bp-2],ax
    mov     word ptr [bp-4],dx
;
;
;           // add page start
;
;           off = phys_pag;
;
    mov     ax,word ptr [bp+8]
    cwd
    mov     word ptr [bp-8],dx
    mov     word ptr [bp-10],ax
;
;           off *= 16384L;
;
    xor     cx,cx
    mov     bx,16384
    mov     dx,word ptr [bp-8]
    mov     ax,word ptr [bp-10]
    call    near ptr N_LXMUL@
    mov     word ptr [bp-8],dx
    mov     word ptr [bp-10],ax
;
;       fptr += off;
;
    mov     ax,word ptr [bp-10]
    add     word ptr [bp-4],ax
;
;
;           // add page offset
;
;           fptr += offset;
;
    mov     ax,word ptr [bp+12]
    add     word ptr [bp-4],ax
;
;           //////////////////////
;           // begin data transfer
;
;           // if length is 0 the write till 0
;
;           if(!length)
;
    cmp     word ptr [bp+16],0
    jne     short @7@194
@7@50:
;
;               {
;
;               // endless loop
```

```
;                    for(;;)
;                        {
;                        // get srce value
;
;                        ch = *fptr;
;
        les     bx,dword ptr [bp-4]
        mov     al,byte ptr es:[bx]
        mov     byte ptr [bp-5],al
;
;                        // if dest value is 0
;
;                        if(!ch)
;
        mov     al,byte ptr [bp-5]
        cbw
        or      ax,ax
        jne     short @7@122
        jmp     short @7@170
        jmp     short @7@146
@7@122:
;
;
;                            // then end loop
;
;                            break;
;
;                        // otherwise
;
;                        else
;
;                            // move data
;
;                            *dest++ = *fptr++;
;
        les     bx,dword ptr [bp-4]
        inc     word ptr [bp-4]
        mov     al,byte ptr es:[bx]
        mov     bx,si
        inc     si
        mov     byte ptr [bx],al
@7@146:
        jmp     short @7@50
@7@170:
        jmp     short @7@290
@7@194:
;
;                        }
;                    }
;                else
;                    {
;                    for(cnt=0; cnt<length; cnt++)
;
        xor     di,di
        jmp     short @7@266
@7@218:
;
;                        *dest++ = *fptr++;
```

```
        ;
        les     bx,dword ptr [bp-4]
        inc     word ptr [bp-4]
        mov     al,byte ptr es:[bx]
        mov     bx,si
        inc     si
        mov     byte ptr [bx],al
        inc     di
@7@266:
        cmp     di,word ptr [bp+16]
        jl      short @7@218
@7@290:
        ;
        ;               }
        ;
        ;           // return 0 on no error
        ;
        ;           return 0;
        ;
        xor     ax,ax
        jmp     short @7@314
@7@314:
        ;
        ;
        ;           };
        ;
        pop     di
        pop     si
        mov     sp,bp
        pop     bp
        ret
@Ems@ReadData$qiiiipzci          endp
        ?debug          C E9
_TEXT           ends
        end
```

Once you've located the mangled name for function IsEms( ), I'd like you to compare the EMS.CPP and EMS.ASM files (both in FIG. 7-3). Look at more of the mangled names and you'll get a feel for why I use the Turbo C++ −S switch when I need to know a function name for an assembly coded function.

Figure 7-4 presents the source code listing to EMSFUN.ASM; this assembly source file contains the source code for function IsEms( ). Notice the mangled IsEms( ) name in EMSFUN.ASM.

Let's assemble EMSFUN.ASM. From the command line, type

    tasm /mx emsfun

and press Enter.

Now let's add EMSFUN.OBJ to your TABCPP.LIB class library file. From the command line, type

    addlib emsfun

and press Enter.

```
;/////////////////////////////////
;//
;// ems.asm
;//
;// EMS management functions
;//
;/////////////////////////////////

;-----------------------------------
;
; set standard DOS segment ordering
;
        DOSSEG

;-----------------------------------
;
; declare memory model as small
; and the C language parameter
; passing scheme
;
        .MODEL SMALL

;-----------------------------------
; declare data segment
;
        .DATA

;-----------------------------------
; Guaranteed Expanded Memory Manager
; Name
;
ename   DB      'EMMXXXX0',0

;-----------------------------------
;
; begin code segment
;
        .CODE

;-----------------------------------
;
; declare name mangled version of
; isEms() as PUBLIC
;
        PUBLIC   @IsEms$qv

;-----------------------------------
;
; int @IsEms$qv(void)
; (name mangled)
;
```

7-4 Continued.

```asm
; int IsEms(void);
; (proper C++ name)
;
; returns: 0 ems present
;          1 ems not present
;

@IsEms$qv PROC
    push  ds                    ; save ds
    mov   dx,seg ds:ename       ; open EMMXXXX0
    mov   ds,dx                 ; via
    mov   dx,offset ds:ename
    mov   ax,3d00h              ; function 3dh
    int   21h                   ; of DOS int 21h
    jc    ems_error             ; ems not present
    mov   bx,ax                 ; EMMXXXX0 handle -> bx
    mov   ax,4400h              ; is EMMXXXX0 file check
    int   21h                   ; via func 44h of int 21h
    jc    ems_error             ; carry set -> error
    and   dx,80h                ; if bit 7=0 -> EMMXXXX0 file name
    jz    ems_error             ; error if not char device
    mov   ax,4407h              ; is ems available? check via DOS
    int   21h                   ; func 44h sub func 07h of int 21h
    jc    ems_error             ; error on carry set
    cmp   al,0                  ; if al==0 then ems not available
    je    ems_error             ; branch on ems not available
    mov   ah,3eh                ; close opened device via func 3eh
    int   21h                   ; of DOS int 21h
    jc    ems_error             ; to error on bad device close
    mov   ax,0                  ; return 0 on ems available
    jmp   ems_ok               ; jump to exit            ----->+
ems_error:                      ; ems not available               |
    mov   ax,1                  ; so return 1                     |
ems_ok:                         ; ems ok so 0 returned <------+
    pop   ds                    ; restore ds reg
    ret                         ; return to caller
@IsEms$qv ENDP                  ; end name mangled procedure
                                ;
    END                         ;
;
; end of emsfun.asm
;
;--------------------------------------
```

Now we're ready to test the Ems class member methods.

Figure 7-5 presents the source code listing to PROG21.CPP, an EMS demonstration program that reports whether EMS is present from your computer to the screen.

Let's compile and link PROG21.CPP. From the command line, type

    cc prog21

and press Enter.

From the command line, type

```
/////////////////////////////////////
//
// prog21.cpp
//
// test if ems present
//
/////////////////////////////////////

////////////////////////////
// include C++ headers

#include <stdio.h>

////////////////////////////
// include class def

#include "ems.h"

////////////////////////////
// program start

void main()
{
int result;

////////////////////////////
// declare Ems
// constructor

Ems E1(4);

////////////////////////////
// determine if Ems
// present
//
// 0 = Ems present
// 1 = Ems not present
//

result = E1.Present();

if(result==0)
   printf("\nEMS present...\n");
else
   printf("\nEMS not present...\n");

}
```

ccl prog21

and press Enter.

Executing PROG21.EXE shows whether or not EMS is installed on your computer.

Figure 7-6 presents the listing to PROG22.CPP, a demonstration program that reports the statistics concerning the EMS memory installed on

```
///////////////////////////////////
//
// prog22.cpp
//
// test if ems methods
//
///////////////////////////////////

////////////////////////
// include C++ headers

#include <iostream.h>
#include <conio.h>

////////////////////////
// include class def

#include "ems.h"

////////////////////////
// program start

void main()
{
int handle;
int result;
int total_ems_pages;
int free_ems_pages;
unsigned long total_ems_memory;
unsigned long free_ems_memory;

////////////////////////
// print program title

cout << "\nPROG22.CPP -> EMS Class Test (1)\n\n";

////////////////////////
// declare Ems
// constructor

Ems E1(10);

////////////////////////
// return if EMS not
// present

if(E1.Present())
    {
    cout << "\nEMS not present\n";
    return;
    }
////////////////////////
// print EMS version

cout << "\n";
cout << "EMS Version: " << E1.AsciiVersion() << "\n";
```

```
///////////////////////
// ems present so print
// number of total
// ems pages present
// & memory

// get total ems pages

total_ems_pages = El.Total();

// calculate total ems memory

total_ems_memory = (long)total_ems_pages*16384L;

// get free ems pages

free_ems_pages = El.Free();

// calculate free ems memory

free_ems_memory = (long)free_ems_pages*16384L;

// print results

cout << "\n";
cout << "Total EMS Pages  = " << total_ems_pages << "\n";
cout << "Total EMS Memory = " << total_ems_memory << "\n";
cout << "\n";
cout << "Free EMS Pages   = " << free_ems_pages << "\n";
cout << "Free EMS Memory  = " << free_ems_memory << "\n";

///////////////////////
// print message

cout << "\nPress any key to Allocate 10 EMS Pages for Use\n";

///////////////////////
// wait for key press

getch();

///////////////////////
// allocate 10 pages

handle = El.Allocate(10);

///////////////////////
// report new page
// free page report
El.Available();

// get free ems pages

free_ems_pages = El.Free();

cout << "\nPages currently free = " << free_ems_pages << "\n";

///////////////////////
// print message
```

```
cout << "\nPress any key to Free previously Allocated Pages\n";

///////////////////////
// wait for key press

getch();

///////////////////////
// release ems memory
// associated with
// specified ems handle

El.Release(handle);

///////////////////////
// report new page
// free page report

El.Available();

// get free ems pages

free_ems_pages = El.Free();

cout << "\nPages currently free = " << free_ems_pages << "\n";

}
```

your computer. It also allocates pages of EMS memory and frees the previously allocated memory. All EMS actions are reported to the screen.

Let's compile and link PROG22.CPP. From the command line, type

    cc prog22

and press Enter.

From the command line, type

    ccl prog22

and press Enter.

Executing PROG22.EXE demonstrates how to find out how much EMS memory is available, allocate that EMS memory for your program's use, and then deallocate (free) that previously allocated EMS memory.

Writing data to and from EMS

Here is the culminating program for Chapter 7. Figure 7-7 presents the source code listing to PROG23.CPP, which demonstrates how to write data to and read data from EMS memory. The Ems class member methods demonstrated in PROG23.CPP really are the fruit of all the member methods. Writing data to and reading from EMS is what EMS is all about.

```
///////////////////////////////////
//
// prog23.cpp
//
// write to and from ems
//
///////////////////////////////////

/////////////////////////
// include C++ headers

#include <iostream.h>
#include <mem.h>
#include <conio.h>

/////////////////////////
// include class def

#include "ems.h"

/////////////////////////
// program start

void main()
{
int handle;
int result;
int total_ems_pages;
int free_ems_pages;
unsigned long total_ems_memory;
unsigned long free_ems_memory;
char buffer[80];

/////////////////////////
// print program title

cout << "\nPROG23.CPP -> Writing to and from EMS (2)\n\n";

/////////////////////////
// declare Ems
// constructor

Ems E1(4);

/////////////////////////
// return if EMS not
// present

if(E1.Present())
   {
   cout << "\nEMS not present\n";
   return;
   }
/////////////////////////
// print EMS version

cout << "\n";
cout << "EMS Version: " << E1.AsciiVersion() << "\n";
```

```
//////////////////////
// ems present so print
// number of total
// ems pages present
// & memory

// get total ems pages

total_ems_pages = El.Total();

// calculate total ems memory

total_ems_memory = (long)total_ems_pages*16384L;

// get free ems pages

free_ems_pages = El.Free();

// calculate free ems memory

free_ems_memory = (long)free_ems_pages*16384L;

// print results

cout << "\n";
cout << "Total EMS Pages  = " << total_ems_pages << "\n";
cout << "Total EMS Memory = " << total_ems_memory << "\n";
cout << "\n";
cout << "Free EMS Pages   = " << free_ems_pages << "\n";
cout << "Free EMS Memory  = " << free_ems_memory << "\n";

//////////////////////
// print message

cout << "\nPress any key to Allocate 4 EMS Pages for Use\n";

//////////////////////
// wait for key press

getch();

//////////////////////
// allocate 4 pages

handle = El.Allocate(4);

//////////////////////
// print message

cout << "\nPress any key to write 8 Messages to EMS's 4 pages\n";

//////////////////////
// wait here

getch();

//////////////////////
// write data to ems
```

```
El.WriteData(handle,                                  // handle
             0,                                       // phys pag
             0,                                       // log page
             0,                                       // offset
             "Msg 1 Sent to Log 0, offset 0     ",   // msg
             0);                                      // write to NULL

//////////////////////////
// write data written
// to ems to screen

cout << "\n";
cout << "Msg 1 Sent to Log 0, offset 0     \n";


//////////////////////////
// write data to ems

El.WriteData(handle,                                  // handle
             0,                                       // phys pag
             0,                                       // log page
             0x2000,                                  // offset
             "Msg 2 Sent to Log 0, offset 2000h",    // msg
             0);                                      // write to NULL

//////////////////////////
// write data written
// to ems to screen

cout << "Msg 2 Sent to Log 0, offset 2000h \n";

//////////////////////////
// write data to ems

El.WriteData(handle,                                  // handle
             0,                                       // phys pag
             1,                                       // log page
             0,                                       // offset
             "Msg 3 Sent to Log 1, offset 0     ",   // msg
             0);                                      // write to NULL

//////////////////////////
// write data written
// to ems to screen

cout << "Msg 3 Sent to Log 1, offset 0     \n";

//////////////////////////
// write data to ems

El.WriteData(handle,                                  // handle
             0,                                       // phys pag
             1,                                       // log page
             0x2000,                                  // offset
             "Msg 4 Sent to Log 1, offset 2000h",    // msg
             0);                                      // write to NULL

//////////////////////////
// write data written
// to ems to screen
```

7-7 Continued.

```
cout << "Msg 4 Sent to Log 1, offset 2000h    \n";

///////////////////////////
// write data to ems

E1.WriteData(handle,                                    // handle
             0,                                         // phys pag
             2,                                         // log page
             0,                                         // offset
             "Msg 5 Sent to Log 2, offset 0    ",       // msg
             0);                                        // write to NULL

///////////////////////////
// write data written
// to ems to screen

cout << "Msg 5 Sent to Log 2, offset 0    \n";

///////////////////////////
// write data to ems

E1.WriteData(handle,                                    // handle
             0,                                         // phys pag
             2,                                         // log page
             0x2000,                                    // offset
             "Msg 6 Sent to Log 2, offset 2000h",       // msg
             0);                                        // write to NULL

///////////////////////////
// write data written
// to ems to screen

cout << "Msg 6 Sent to Log 2, offset 2000h    \n";

///////////////////////////
// write data to ems

E1.WriteData(handle,                                    // handle
             0,                                         // phys pag
             3,                                         // log page
             0,                                         // offset
             "Msg 7 Sent to Log 3, offset 0    ",       // msg
             0);                                        // write to NULL

///////////////////////////
// write data written
// to ems to screen

cout << "Msg 7 Sent to Log 3, offset 0    \n";

///////////////////////////
// write data to ems

E1.WriteData(handle,                                    // handle
             0,                                         // phys pag
             3,                                         // log page
             0x2000,                                    // offset
             "Msg 8 Sent to Log 3, offset 2000h",       // msg
             0);                                        // write to NULL
```

```
/////////////////////
// write data written
// to ems to screen

cout << "Msg 8 Sent to Log 3, offset 2000h    \n";

/////////////////////
// to screen

cout << "\n";
cout << "Messages written to EMS. Press any Key to begin\n";
cout << "Retrieval process\n\n";

/////////////////////
// to screen

cout << "Retrieve Msg 1 from Log 0 offset 0\n";


/////////////////////
// wait for key press

getch();

/////////////////////
// clear dest buffer

memset(buffer,0,80);

/////////////////////
// read data from ems

E1.ReadData(handle,
            0,
            0,
            0,
            buffer,
            33);

/////////////////////
// write data in buffer
// to screen

cout << "\n";
cout << "-> " << buffer << "  ** RETRIEVED **";
cout << "\n\n";

/////////////////////
// to screen

cout << "Retrieve Msg 2 from Log 0 offset 2000h\n";

/////////////////////
// wait for key press

getch();

/////////////////////
// clear dest buffer

memset(buffer,0,80);
```

```
///////////////////////
// read data from ems

E1.ReadData(handle,
            0,
            0,
            0x2000,
            buffer,
            33);

///////////////////////
// write data in buffer
// to screen

cout << "\n";
cout << "-> " << buffer << "  ** RETRIEVED **";
cout << "\n\n";

///////////////////////
// to screen

cout << "Retrieve Msg 3 from Log 1 offset 0\n";

///////////////////////
// wait for key press

getch();

///////////////////////
// clear dest buffer

memset(buffer,0,80);

///////////////////////
// read data from ems

E1.ReadData(handle,
            0,
            1,
            0,
            buffer,
            33);

///////////////////////
// write data in buffer
// to screen

cout << "\n";
cout << "-> " << buffer << "  ** RETRIEVED **";
cout << "\n\n";

///////////////////////
// to screen

cout << "Retrieve Msg 4 from Log 1 offset 2000h\n";

///////////////////////
// wait for key press

getch();
```

```
///////////////////////
// clear dest buffer

memset(buffer,0,80);

///////////////////////
// read data from ems

E1.ReadData(handle,
            0,
            1,
            0x2000,
            buffer,
            33);

///////////////////////
// write data in buffer
// to screen

cout << "\n";
cout << "-> " << buffer << "  ** RETRIEVED **";
cout << "\n\n";

///////////////////////
// to screen

cout << "Retrieve Msg 5 from Log 2 offset 0\n";

///////////////////////
// wait for key press

getch();

///////////////////////
// clear dest buffer

memset(buffer,0,80);

///////////////////////
// read data from ems

E1.ReadData(handle,
            0,
            2,
            0,
            buffer,
            33);

///////////////////////
// write data in buffer
// to screen

cout << "\n";
cout << "-> " << buffer << "  ** RETRIEVED **";
cout << "\n\n";

///////////////////////
// to screen

cout << "Retrieve Msg 6 from Log 2 offset 2000h\n";
```

```
//////////////////////
// wait for key press

getch();

//////////////////////
// clear dest buffer

memset(buffer,0,80);

//////////////////////
// read data from ems

E1.ReadData(handle,
            0,
            2,
            0x2000,
            buffer,
            33);

//////////////////////
// write data in buffer
// to screen

cout << "\n";
cout << "-> " << buffer << "  ** RETRIEVED **";
cout << "\n\n";

//////////////////////
// to screen

cout << "Retrieve Msg 7 from Log 3 offset 0\n";

//////////////////////
// wait for key press

getch();

//////////////////////
// clear dest buffer

memset(buffer,0,80);

//////////////////////
// read data from ems

E1.ReadData(handle,
            0,
            3,
            0,
            buffer,
            33);

//////////////////////
// write data in buffer
// to screen

cout << "\n";
cout << "-> " << buffer << "  ** RETRIEVED **";
```

```
                cout << "\n\n";

                //////////////////////////
                // to screen

                cout << "Retrieve Msg 8 from Log 3 offset 2000h\n";

                //////////////////////////
                // wait for key press

                getch();

                //////////////////////////
                // clear dest buffer

                memset(buffer,0,80);

                //////////////////////////
                // read data from ems

                El.ReadData(handle,
                            0,
                            3,
                            0x2000,
                            buffer,
                            33);

                //////////////////////////
                // write data in buffer
                // to screen

                cout << "\n";
                cout << "-> " << buffer << "  ** RETRIEVED **";
                cout << "\n\n";

                //////////////////////////
                // to screen

                cout << "Press any key to free EMS and return to DOS\n";

                //////////////////////////
                // wait for key press

                getch();

                //////////////////////////
                // release ems memory
                // associated with
                // specified ems handle

                El.Release(handle);

                //////////////////////////
                // report new page
                // free page report

                El.Available();

                //////////////////////////
                // get free ems pages
```

```
free_ems_pages = E1.Free();

cout << "\nPages currently free = " << free_ems_pages << "\n";

}
```

A program you write using Ems class member methods might flow like this:

1. Determine if EMS is present.
2. Find out how much EMS is available.
3. Allocate that EMS if it's enough for your program.
4. Use the EMS in your program.
5. Free EMS before your program returns to DOS.

The source in PROG23.CPP shows how easy it is to use EMS memory with your Ems class member methods.

Let's compile and link PROG23.CPP. From the command line, type

```
cc prog23
```

and press Enter.

From the command line, type

```
ccl prog23
```

and press Enter.

Executing PROG23.EXE shows data being written to EMS memory and retrieved from EMS memory.

Summary

The EMS class member methods provide a useful set of tools to using EMS memory in your programs.

EMS memory can be thought of as having a 64K page frame buffer composed of four 16K physical pages. Although all your data reading and writing is done to physical pages, different 16K logical pages can be mapped to the physical pages. That way, even though you are writing to physical pages, the data is really going to the logical pages.

Another way of stating the EMS scheme is that you can only access four 16K logical pages at a time. You slap the logical pages to physical pages and read from and write to the physical pages. The data written to and read from the physical pages really resided in the logical pages.

Figure 7-8 presents the listing to the TABCPP.LIB class library.

Publics by module

ATTRIBUT   size = 455
    Attribute::Attribute(unsigned char,unsigned char)
    Attribute::Reset(unsigned char,unsigned char)

BOX   size = 935
    Box::Box(int,int,int,int,char,unsigned char)
    Box::BRestore()
    Box::BSave()
    Box::Destroy()
    Box::Display()
    Box::MoveRelativeTo(int,int)
    Box::MoveTo(int,int)
    Box::Remove()
    Box::Restore()
    Box::Save()

CURSOR   size = 660
    Cursor::Cursor(unsigned char,unsigned char)
    Cursor::Hide()
    Cursor::MoveRelativeTo(int,int)
    Cursor::MoveTo(int,int)
    Cursor::RestoreLocation()
    Cursor::RestoreSize()
    Cursor::SaveLocation()
    Cursor::SaveSize()
    Cursor::Show()
    Cursor::Size(int,int)

EMS   size = 849
    Ems::Ems(int)
    Ems::Allocate(int)
    Ems::Available()
    Ems::Map(int,int,int)
    Ems::ReadData(int,int,int,int,char near*,int)
    Ems::Release(int)
    Ems::WriteData(int,int,int,int,char near*,int)

EMSFUN   size = 68
    IsEms()

LOCATION   size = 91
    Location::Location(int,int)
    Location::Modify(int,int)
    Location::Reset(int,int)

PAD   size = 1955
    Pad::Pad(char near*,char near*near*,int near*,
            int,int,int,int,int,int,char,unsigned char)
    Pad::BRestore()
    Pad::BSave()

```
    Pad::Destroy()
    Pad::Display()
    Pad::MoveRelativeTo(int,int)
    Pad::MoveTo(int,int)
    Pad::ReadKey()
    Pad::Remove()
    Pad::RepeatChar(int,int,int,char,unsigned char)
    Pad::Restore()
    Pad::Save()
    Pad::View()
    Pad::WriteChar(int,int,char,unsigned char)
    Pad::WriteText(int,int,int,char near*,unsigned char)
    Pad::WriteVBar(int,int,int,unsigned char)
    Pad::display_file(int,int)

PAD2        size = 323
    process_pad_file(char near*,char near*near*,int,int)

PRINTER     size = 466
    Printer::Printer(int)
    Printer::CarriageReturn()
    Printer::Error()
    Printer::FormFeed()
    Printer::GetStatus()
    Printer::Initialize()
    Printer::LineFeed()
    Printer::NewLine()
    Printer::PrintScreen()
    Printer::SetColumn(int)
    Printer::WriteChar(char)
    Printer::WriteText(char near*,int)

SCREEN      size = 1850
    Screen::Screen(unsigned char)
    Screen::Attribute(unsigned char)
    Screen::Clear(unsigned char)
    Screen::CopyPage(int,int)
    Screen::ExtractAttribute(int)
    Screen::ExtractChar(int)
    Screen::FlipPage(int)
    Screen::ReadChar(int,int)
    Screen::ReadString(int,int,int,char near*)
    Screen::ReadText(int,int,int,unsigned int near*)
    Screen::RepeatAttribute(int,int,int,unsigned char)
    Screen::RepeatChar(int,int,int,char,unsigned char)
    Screen::Restore()
    Screen::Save()
    Screen::SelectPage(int)
    Screen::WriteChar(int,int,char,unsigned char)
    Screen::WriteHBar(int,int,int,unsigned char)
    Screen::WriteString(int,int,int,char near*)
    Screen::WriteText(int,int,int,char near*,unsigned char)
    Screen::WriteVBar(int,int,int,unsigned char)

WGLOBAL     size = 16004
    _ActivePage                    _bp
    _p1                            _p2
    _p3
```

8

Keyboard input management in C++

This chapter focuses on reading input from the keyboard. The simple and most effective way to get input from the keyboard is to use the computer's BIOS. BIOS services allow you to stop program execution and get a single stroke from the keyboard, as well as not stop program execution and determine if a key stroke is waiting in the keyboard queue.

In addition to the BIOS keyboard functions implemented in the Key class member methods, I've also presented a simple member method to read a string of characters from the keyboard. The character string read is terminated with an Esc or Enter key press. Based on the Key.ReadText(...) member method, the programmer can select appropriate program action based on the member method's return value.

The Key class

Figure 8-1 presents the source code listing to an ASCII character code definition file. Figure 8-2 presents the source code listing to KEY.H., the Key class definition file. Figure 8-3 presents the source code listing to KEY.CPP, the Key class member methods.

8-1 Source code listing of ASCII.H.

```
/////////////////////////////////////
//
// ascii.h
//
// ASCII define header file
//
/////////////////////////////////////
```

```
#define   aNUL     0        //         null \0 delimeter
#define   aSOH     1        //    ^A - start of heading
#define   aSTX     2        //    ^B - start of text
#define   aETX     3        //    ^C - end of text
#define   aEOT     4        //    ^D - end of transmission
#define   aENQ     5        //    ^E - inquiry
#define   aACK     6        //    ^F - affirm acknowledgement
#define   aBEL     7        //    ^G - audible bell
#define   aBS      8        //    ^H - backspace
#define   aTAB     9        //    ^I - horizontal tab
#define   aLF      10       //    ^J - line feed
#define   aVT      11       //    ^K - vertical tab
#define   aFF      12       //    ^L - form feed
#define   aCR      13       //    ^M - carriage return
#define   aSO      14       //    ^N - shift out
#define   aSI      15       //    ^O - shift in
#define   aDCE     16       //    ^P - data link escape
#define   aDC1     17       //    ^Q - device control 1
#define   aDC2     18       //    ^R - device control 2
#define   aDC3     19       //    ^S - device control 3
#define   aDC4     20       //    ^T - device control 4
#define   aNAK     21       //    ^U - neg acknowledge
#define   aSYN     22       //    ^V - synchronous idle
#define   aETB     23       //    ^W - end of transmission
#define   aCAN     24       //    ^X - cancel
#define   aEM      25       //    ^Y - end of medium
#define   aSUB     26       //    ^Z - substitute
#define   aESC     27       //         escape
#define   aFS      28       //         file separator
#define   aGS      29       //         group separator
#define   aRS      30       //         record separator
#define   aUS      31       //         unlinked separator
#define   aSPC     32       //         space

#define   aCODE    94    // character indicating printer command follows//
#define   aHCR     aEOT  // Hard carriage return
#define   aCENTER  'C'   // code to center line
#define   aDOUBLE  'D'   // double strike toggle
#define   aEXPAND  'E'   // emphasize toggle
#define   aSUPERS  'S'   // superscript toggle
#define   aITALIC  'I'   // italics toggle
#define   aBOLD    'B'   // bold toggle
                         //
#define   aTRUE    1     // true
#define   aFALSE   0     // false
                         //
#define   ONE_COL  1     //       1 column format
#define   TWO_COL  2     //       2 column format
#define   ONE_TOP  3
#define   TWO_TOP  4
#define   ONE_BOT  5
#define   TWO_BOT  6
#define   TWO_LR   7
#define   TWO_R    8
#define   TWO_UR   9
#define   TWO_TB   10
#define   VONE_COL 11    // word per chart format
#define   XONE_COL 81    //       1 column format
#define   XTWO_COL 82    //       2 column format
```

```
#define    XTHREE_COL 83   //        3 column format
#define    XONE_TOP    84
#define    XTWO_TOP    85
#define    XTHREE_TOP 86
#define    XONE_BOT    87
#define    XTWO_BOT    88
#define    XTHREE_BOT 89
#define    XTHREE_LR   90
#define    XTHREE_R    91
#define    XTHREE_P1   92
#define    XTHREE_P2   93
#define    XTHREE_TB   94
#define    XTHREE_UR   95
#define    XTHREE_2T   96
#define    XTHREE_2B   97
```

8-2 Source code listing of KEY.H.

```
//////////////////////////////////////
//
// key.h
//
// Key Class definition
//
//////////////////////////////////////

class Key  {
protected:
    unsigned char scanC;                // 8 bit scan code
    unsigned char charC;                // 8 bit char code
    int result;                         // 16 bit eky code
    unsigned char flags;                // 8 bits of shift flags
public:                                 // methods declared public
    Key(int def);                       // constructor
    ReadKey();                          // stop and get key press
    ReadText(int row,                   // set text string at row
             int col,                   // column
             char *buffer,              // to buffer
             int length);               // of length
    Status();                           // no stop and get key press
    unsigned char Flags(void);          // returns flag variable
    unsigned char ScanCode()            // returns upper 8 bits
             {return scanC;}            // of 16 bit result
    unsigned char CharCode()            // returns lower 8 bits
             {return charC;}            // of 16 bit result
    KeyCode()                           // returns 16 bit
             {return result;}           // key value
    RightShiftKey();                    // 1=shift on,0 shift off
    LeftShiftKey();                     // 1=shift on,0 shift off
    ControlKey();                       // 1=shift on,0 shift off
    AltKey();                           // 1=shift on,0 shift off
    ScrollLock();                       // 1=shift on,0 shift off
    NumLock();                          // 1=shift on,0 shift off
    CapsLock();                         // 1=shift on,0 shift off
    InsertToggle();                     // 1=shift on,0 shift off
    void mvCur(int row, int col);       // move the cursor
    void putChr(char ch);               // put char to screen via BIOS
};
```

```
///////////////////////////////////////
//
// key.cpp
//
///////////////////////////////////////

/////////////////////////
// include files here

#include <dos.h>
#include <string.h>

#include "key.h"
#include "keyboard.h"
#include "ascii.h"

/////////////////////////
// assembly binding
// prototype

int keystat(void);

///////////////////////////////////////
//
// Key Constructor
//
// initialize all key data to 0
//
///////////////////////////////////////

Key::Key(int def)
{
/////////////////////////
// initialize all data
// to 0

scanC = def;

charC = def;

result = def;

flags = def;

};

///////////////////////////////////////
//
// ReadKey
//
// Stop program execution and get a
// key from the keyboard via the BIOS
//
///////////////////////////////////////

Key::ReadKey()
{
```

```
        union REGS ir,or;

        ///////////////////////
        // stop program and get
        // key press function

        ir.h.ah = 0x00;

        ///////////////////////
        // invoke bios 0x16

        int86(0x16,&ir,&or);

        ///////////////////////
        // process key data
        // and place in
        // private data
        // values

        scanC = or.h.ah;

        charC = or.h.al;

        result = or.x.ax;

        return result;
        };


//////////////////////////////////////
//
// ReadText(...)
//
// Moves Cursor to Specified screen
// location and gets string of text
// to the response buffer. The max
// length of the input string is
// defined.
//
// Returns:  On ENTER (int) aTRUE
//           On ESC   (int) aNUL
//
//////////////////////////////////////

int Key::ReadText(int row, int col, char *response,int length)
{
union REGS ir,or;
int key,exit;
int start,stop;
int ret_val;


        ///////////////////////
        // clear response buffer

        memset(response,0,length);

        ///////////////////////
        // set column start and
        // stop and index to
```

```
// response[]

start = col;

stop = start + length;

/////////////////////////
// set looping
// condition to keep
// looping

exit=aFALSE;

/////////////////////////
// main prompt key
// repeat loop

do
    {
    Key::mvCur(row,col);

    /////////////////////////
    // get 16 bit key press
    // value

    // wait and key key function

    ir.x.ax = 0;

    // get ket via bios int 0x16

    int86(0x16,&ir,&or);

    // set key variable

    key = or.x.ax;

    /////////////////////////
    // filter key variable

    switch(key)
        {
// ENTER key press

case ENTER:
    ret_val = aTRUE;
    exit = aTRUE;
    break;

// ESCAPE key press

case ESCAPE:
    ret_val = aFALSE;
    exit = aTRUE;
    break;

// not exit key so process

default:
```

```
                    // mask out scan code

key &=0x00ff;

                    // is printable key press??

if((key>=0x20)&&(key<=0x7d))
    {
        // if not at response end

    if(col<stop)
        {
            // adjust cursor location

        Key::mvCur(row,col);

            // put char to screen vis BIOS

        Key::putChr(key);

            // stuff char val to buffer

        *response++ = (char)key;

            // go to next column

        col++;
        }
    }
    // the key stroke is a back space

if(key==aBS)
    {
        // if cursor not at Prompt start

    if(col>start)
        {
    // back one column

    col--;

        // back one char in buffer

    response--;

        // move the cursor

    Key::mvCur(row,col);

        // erase character

    Key::putChr(' ');

        // stuff 0 to buffer

    *response = (char)aNUL;
        }
    }
break;
}
```

```
    // keep looping until exit condition met

    } while(!exit);

// *response = 0;
/////////////////////////
// return exit key press
// value

return(ret_val);
};

/////////////////////////////////////
//
// mvCur(...)
//
// move the cursor
//
/////////////////////////////////////

void Key::mvCur(int row, int col)
{
union REGS ir,or;

/////////////////////////
// set cursor location

// get active page

ir.h.ah = 0x0f;

// via int 0x10

int86(0x10,&ir,&or);

// page to bh

ir.h.bh = or.h.bh;

// move cursor

ir.h.ah = 0x02;

ir.h.dh = row;

ir.h.dl = col;

// via int 0x10

int86(0x10,&ir,&or);
};

/////////////////////////////////////
//
// putChr(...)
//
// put char to the screen at the
```

```
// current current location via the
// bios
//
////////////////////////////////////

void Key::putChr(char ch)
{
union REGS ir,or;

////////////////////////////
// set cursor location

// get active page

ir.h.ah = 0x0f;

// via int 0x10

int86(0x10,&ir,&or);

// page to bh

ir.h.bh = or.h.bh;

// print char to screen

ir.h.ah = 0x0e;

ir.h.al = ch;

// via int 0x10

int86(0x10,&ir,&or);
};

////////////////////////////////////
//
// Status(...)
//
// Do not wait for key press and
// return key press status
//
////////////////////////////////////

Key::Status()
{
int value;
int temp;

////////////////////////
// get key status value
// via assembly binding
//
// if 0 returned
//   then no key waiting
// otherwise
//   16 bit key value
//   returned

value = keystat();
```

```
if(!value)
    {
    ///////////////////
    // place 0s in data

    result = 0;

    scanC = 0;

    charC = 0;

    ///////////////////
    // return 0 on no key
    // waiting

    return 0;
    }
else
    {

    ///////////////////////
    // place key data in
    // private values

    result = temp = value;

    temp = temp >> 8;
    scanC = (unsigned char) temp;

    charC = (unsigned char) value & 0x00ff;
    }

///////////////////////
// return 16 bit code

return result;
};

//////////////////////////////////////
//
// Flags(...)
//
// Return keyboard flag status via
// BIOS in 0x16 function 0x02
//
//////////////////////////////////////

unsigned char Key::Flags()
{
union REGS ir,or;

///////////////////////
// get flag status via
// int 0x16

ir.h.ah = 0x02;

int86(0x16,&ir,&or);
```

```
///////////////////////
// stuff flag value

flags = or.h.al;

///////////////////////
// return flag value

return flags;
};

/////////////////////////////////////
//
// RightShiftKey(...)
//
// Returns 1 on Right Shift down
//         0 on Right Shift up
//
/////////////////////////////////////

Key::RightShiftKey()
{
if(flags & 1)
   return 1;
else
   return 0;
};

/////////////////////////////////////
//
// LeftShiftKey(...)
//
// Returns 1 on Left Shift down
//         0 on Left Shift up
//
/////////////////////////////////////

Key::LeftShiftKey()
{
if(flags & 2)
   return 1;
else
   return 0;
};

/////////////////////////////////////
//
// ControlKey(...)
//
// Returns 1 on Control down
//         0 on Control up
//
/////////////////////////////////////

Key::ControlKey()
{
if(flags & 4)
   return 1;
else
   return 0;
```

```
};
///////////////////////////////////////
//
// AltKey(...)
//
// Returns 1 on Alt down
//          0 on Alt up
//
///////////////////////////////////////

Key::AltKey()
{
if(flags & 8)
   return 1;
else
   return 0;
};

///////////////////////////////////////
//
// ScrollLock(...)
//
// Returns 1 on Scroll Lock on
//          0 on Scroll Lock off
//
///////////////////////////////////////

Key::ScrollLock()
{
if(flags & 16)
   return 1;
else
   return 0;
};

///////////////////////////////////////
//
// NumLock(...)
//
// Returns 1 on Num Lock on
//          0 on Num Lock off
//
///////////////////////////////////////

Key::NumLock()
{
if(flags & 32)
   return 1;
else
   return 0;
};


///////////////////////////////////////
//
// CapsLock(...)
//
```

```
// Returns 1 on Caps Lock on
//         0 on Caps Lock off
//
/////////////////////////////////////

Key::CapsLock()
{
if(flags & 64)
   return 1;
else
   return 0;
};

/////////////////////////////////////
//
// InsertToggle(...)
//
// Returns 1 on Insert Toggle on
//         0 on Insert Toggle off
//
/////////////////////////////////////

Key::InsertToggle()
{
if(flags & 128)
   return 1;
else
   return 0;
};
```

One Key class member method calls an assembly coded function. Once again, we must create an assembly listing from a C⁺⁺ file in order to discover the mangled name for the assembly function. Do you remember how to do that?

Figure 8-4 presents the assembly listing KEY.ASM derived from the KEY.CPP file. Then, FIG. 8-5 presents the assembly source code listing to KEYFUN.ASM, which contains the name-mangled function.

8-4 Assembly listing of KEY.ASM.

```
_TEXT    segment byte public 'CODE'
    ;
    ;    Key::Key()
    ;
    assume    cs:_TEXT
@Key@$bctr$qv    proc    near
    push  bp
    mov   bp,sp
    push  si
    mov   si,word ptr [bp+4]
    or    si,si
    je    short @1@74
    jmp   short @1@98
@1@74:
```

```
    mov    ax,5
    push   ax
    call   near ptr @$bnew$qui
    pop    cx
    mov    si,ax
@1@98:
    or     si,si
    jne    short @1@146
    mov    ax,si
    jmp    short @1@194
@1@146:
    ;
    ;    {
    ;    ///////////////////////
    ;    // initialize all data
    ;    // to 0
    ;
    ;    scanC = 0;
    ;
    mov    byte ptr [si],0
    ;
    ;
    ;    charC = 0;
    ;
    mov    byte ptr [si+1],0
    ;
    ;
    ;    result = 0;
    ;
    mov    word ptr [si+2],0
    ;
    ;    flags = 0;
    ;
    mov    byte ptr [si+4],0
    ;
    ;    };
    ;
    mov    ax,si
    jmp    short @1@194
@1@194:
    pop    si
    pop    bp
    ret
@Key@$bctr$qv    endp
    ;
    ;    Key::ReadKey()
    ;
    assume    cs:_TEXT
@Key@ReadKey$qv    proc    near
    push   bp
    mov    bp,sp
    sub    sp,32
    push   si
    mov    si,word ptr [bp+4]
    ;
    ;    {
    ;    union REGS ir,or;
```

```
;       /////////////////////
;       // stop program and get
;       // key press function
;
;       ir.h.ah = 0x00;
;
mov     byte ptr [bp-15],0
;
;
;       /////////////////////
;       // invoke bios 0x16
;
;       int86(0x16,&ir,&or);
;
lea     ax,word ptr [bp-32]
push    ax
lea     ax,word ptr [bp-16]
push    ax
mov     ax,22
push    ax
call    near ptr _int86
add     sp,6
;
;
;       /////////////////////
;       // process key data
;       // and place in
;       // private data
;       // values
;
;       scanC = or.h.ah;
;
mov     al,byte ptr [bp-31]
mov     byte ptr [si],al
;
;       charC = or.h.al;
;
mov     al,byte ptr [bp-32]
mov     byte ptr [si+1],al
;
;       result = or.x.ax;
;
mov     ax,word ptr [bp-32]
mov     word ptr [si+2],ax
;
;
;       /////////////////////
;       // return key press
;       // 16 bit scan and
;       // char code value
;
;       return result;
;
mov     ax,word ptr [si+2]
jmp     short @2@50
@2@50:
;
```

```
        ;
        ;      };
        ;
        pop    si
        mov    sp,bp
        pop    bp
        ret
@Key@ReadKey$qv    endp
        ;
        ;      int Key::ReadText(int row, int col, char *response,int length)
        ;
        assume    cs:_TEXT
@Key@ReadText$qiipzci    proc    near
        push   bp
        mov    bp,sp
        sub    sp,42
        push   si
        push   di
        mov    si,word ptr [bp+8]
        mov    di,word ptr [bp+10]
        ;
        ;      {
        ;      union REGS ir,or;
        ;      int key,exit;
        ;      int start,stop;
        ;      int ret_val;
        ;
        ;      /////////////////////////
        ;      // set column start and
        ;      // stop and index to
        ;      // response[]
        ;
        ;      start = col;
        ;
        mov    word ptr [bp-6],si
        ;
        ;
        ;      stop = start + length;
        ;
        mov    ax,word ptr [bp-6]
        add    ax,word ptr [bp+12]
        mov    word ptr [bp-8],ax
        ;
        ;
        ;      /////////////////////////
        ;      // set looping
        ;      // condition to keep
        ;      // looping
        ;
        ;      exit=aFALSE;
        ;
        mov    word ptr [bp-4],0
@3@50:
        ;
        ;
        ;      /////////////////////////
        ;      // main prompt key
        ;      // repeat loop
        ;
```

```
;    do
;        {
;        Key::mvCur(row,col);
;
push  si
push  word ptr [bp+6]
push  word ptr [bp+4]
call  near ptr @Key@mvCur$qii
add   sp,6
;
;
;        /////////////////////////
;        // get 16 bit key press
;        // value
;
;        // wait and key key function
;
;        ir.x.ax = 0;
;
mov   word ptr [bp-26],0
;
;
;        // get ket via bios int 0x16
;
;        int86(0x10,&ir,&or);
;
lea   ax,word ptr [bp-42]
push  ax
lea   ax,word ptr [bp-26]
push  ax
mov   ax,16
push  ax
call  near ptr _int86
add   sp,6
;
;
;        // set key variable
;
;        key = or.x.ax;
;
mov   ax,word ptr [bp-42]
mov   word ptr [bp-2],ax
;
;
;        /////////////////////////
;        // filter key variable
;
;        switch(key)
;
mov   ax,word ptr [bp-2]
cmp   ax,283
je    short @3@194
cmp   ax,7181
je    short @3@170
jmp   short @3@218
@3@170:
;
;        {
;        // ENTER key press
;
```

```
;               case ENTER:
;                   ret_val = aTRUE;
;
mov     word ptr [bp-10],1
;
;                   exit = aTRUE;
;
mov     word ptr [bp-4],1
jmp     short @3@410
@3@194:
;
;               break;
;
;           // ESCAPE key press
;
;               case ESCAPE:
;                   ret_val = aFALSE;
;
mov     word ptr [bp-10],0
;
;                   exit = aTRUE;
;
mov     word ptr [bp-4],1
jmp     short @3@410
@3@218:
;
;               break;
;
;           // not exit key so process
;
;           default:
;               // mask out scan code
;
;               key &=0x00ff;
;
and     word ptr [bp-2],255
;
;
;               // is printable key press??
;
;               if((key>=0x20)&&(key<=0x7d))
;
cmp     word ptr [bp-2],32
jl      short @3@314
cmp     word ptr [bp-2],125
jg      short @3@314
;
;                   {
;                   // if not at response end
;
;                   if(col<stop)
;
cmp     si,word ptr [bp-8]
jge     short @3@314
;
;                       {
;                       // adjust cursor location
;
```

```
;                       Key::mvCur(row,col);
;
push  si
push  word ptr [bp+6]
push  word ptr [bp+4]
call  near ptr @Key@mvCur$qii
add   sp,6
;
;
;                                 // put char to screen vis BIOS
;
;                       Key::putChr(key);
;
mov   al,byte ptr [bp-2]
push  ax
push  word ptr [bp+4]
call  near ptr @Key@putChr$qzc
pop   cx
pop   cx
;
;
;                                 // stuff char val to buffer
;
;                       *response++ = (char)key;
;
mov   bx,di
inc   di
mov   al,byte ptr [bp-2]
mov   byte ptr [bx],al
;
;
;                                 // go to next column
;
;                       col++;
;
inc   si
@3@314:
;
;                             }
;                         }
;               // the key stroke is a back space
;
;               if(key==aBS)
;
cmp   word ptr [bp-2],8
jne   short @3@386
;
;                     {
;                     // if cursor not at Prompt start
;
;               if(col>start)
;
cmp   si,word ptr [bp-6]
jle   short @3@386
;
;                         {
;                         // back one column
;
;                         col--;
;
```

8-4 Continued.

```
    dec    si
    ;
    ;                        // back one char in buffer
    ;
    ;                        response--;
    ;
    dec    di
    ;
    ;                        // move the cursor
    ;
    ;                        Key::mvCur(row,col);
    ;
    push   si
    push   word ptr [bp+6]
    push   word ptr [bp+4]
    call   near ptr @Key@mvCur$qii
    add    sp,6
    ;
    ;
    ;                        // erase character
    ;
    ;                        Key::putChr(' ');
    ;
    mov    al,32
    push   ax
    push   word ptr [bp+4]
    call   near ptr @Key@putChr$qzc
    pop    cx
    pop    cx
    ;
    ;
    ;                        // stuff 0 to buffer
    ;
    ;                        *response = (char)aNUL;
    ;
    mov    byte ptr [di],0
@3@386:
    jmp    short @3@410
@3@410:
    ;
    ;                              }
    ;                          }
    ;                      break;
    ;                  }
    ;
    ;          // keep looping until exit condition met
    ;
    ;          } while(!exit);
    ;
    cmp    word ptr [bp-4],0
    jne    @@0
    jmp    @3@50
@@0:
    ;
    ;
    ;
    ;    // *response = 0;
```

```
;
;    ////////////////////////
;    // return exit key press
;    // value
;
;    return(ret_val);
;
      mov    ax,word ptr [bp-10]
      jmp    short @3@458
@3@458:
;
;    };
;
      pop    di
      pop    si
      mov    sp,bp
      pop    bp
      ret
@Key@ReadText$qiipzci    endp
;
;    void Key::mvCur(int row, int col)
;
      assume    cs:_TEXT
@Key@mvCur$qii    proc    near
      push   bp
      mov    bp,sp
      sub    sp,32
;
;    {
;    union REGS ir,or;
;
;    ////////////////////////
;    // set cursor location
;
;    // get active page
;
;    ir.h.ah = 0x0f;
;
      mov    byte ptr [bp-15],15
;
;
;    // via int 0x10
;
;    int86(0x10,&ir,&or);
;
      lea    ax,word ptr [bp-32]
      push   ax
      lea    ax,word ptr [bp-16]
      push   ax
      mov    ax,16
      push   ax
      call   near ptr _int86
      add    sp,6
;
;
;    // page to bh
;
;    ir.h.bh = or.h.bh;
;
      mov    al,byte ptr [bp-29]
```

```
   mov    byte ptr [bp-13],al
   ;
   ;    // move cursor
   ;
   ;    ir.h.ah = 0x02;
   ;
   mov    byte ptr [bp-15],2
   ;
   ;    ir.h.dh = row;
   ;
   mov    al,byte ptr [bp+6]
   mov    byte ptr [bp-9],al
   ;
   ;    ir.h.dl = col;
   ;
   mov    al,byte ptr [bp+8]
   mov    byte ptr [bp-10],al
   ;
   ;    // via int 0x10
   ;
   ;    int86(0x10,&ir,&or);
   ;
   lea    ax,word ptr [bp-32]
   push   ax
   lea    ax,word ptr [bp-16]
   push   ax
   mov    ax,16
   push   ax
   call   near ptr _int86
   add    sp,6
   ;
   ;    };
   ;
   mov    sp,bp
   pop    bp
   ret
@Key@mvCur$qii    endp
   ;
   ;    void Key::putChr(char ch)
   ;
   assume    cs:_TEXT
@Key@putChr$qzc    proc    near
   push   bp
   mov    bp,sp
   sub    sp,32
   ;
   ;    {
   ;    union REGS ir,or;
   ;
   ;    ///////////////////////
   ;    // set cursor location
   ;
   ;    // get active page
   ;
```

```
;    ir.h.ah = 0x0f;
;
mov    byte ptr [bp-15],15
;
;
;    // via int 0x10
;
;    int86(0x10,&ir,&or);
;
lea    ax,word ptr [bp-32]
push   ax
lea    ax,word ptr [bp-16]
push   ax
mov    ax,16
push   ax
call   near ptr _int86
add    sp,6
;
;
;    // page to bh
;
;    ir.h.bh = or.h.bh;
;
mov    al,byte ptr [bp-29]
mov    byte ptr [bp-13],al
;
;
;    // print char to screen
;
;    ir.h.ah = 0x0e;
;
mov    byte ptr [bp-15],14
;
;
;    ir.h.al = ch;
;
mov    al,byte ptr [bp+6]
mov    byte ptr [bp-16],al
;
;
;    // via int 0x10
;
;    int86(0x10,&ir,&or);
;
lea    ax,word ptr [bp-32]
push   ax
lea    ax,word ptr [bp-16]
push   ax
mov    ax,16
push   ax
call   near ptr _int86
add    sp,6
;
;    };
;
mov    sp,bp
pop    bp
ret
@Key@putChr$qzc    endp
;
```

```
;    Key::Status()
;
assume    cs:_TEXT
@Key@Status$qv    proc    near
push    bp
mov     bp,sp
dec     sp
dec     sp
push    si
mov     si,word ptr [bp+4]
;
;    {
;    int value;
;
;    ///////////////////////
;    // get key status value
;    // via assembly binding
;    //
;    // if 0 returned
;    //   then no key waiting
;    // otherwise
;    //   16 bit key value
;    //   returned
;
;      value = keystat();
;
call    near ptr @keystat$qv
mov     word ptr [bp-2],ax
;
;
;    ///////////////////////
;    // place key data in
;    // private values
;
;      result = value;
;
mov     ax,word ptr [bp-2]
mov     word ptr [si+2],ax
;
;
;      charC = (unsigned char) value & 0x00ff;
;
mov     al,byte ptr [bp-2]
and     al,255
mov     byte ptr [si+1],al
;
;
;      scanC = (unsigned char) value >> 8;
;
mov     al,byte ptr [bp-2]
mov     ah,0
mov     cl,8
sar     ax,cl
mov     byte ptr [si],al
;
;
;    ///////////////////////
;    // return 1 on key
;    //   waiting and
```

```
                    ;    // return 0 on NO key
                    ;    //  waiting
                    ;
                    ;    if(!result)
                    ;
                    cmp   word ptr [si+2],0
                    jne   short @6@98
                    ;
                    ;         return 0;
                    ;
                    xor   ax,ax
                    jmp   short @6@122
                    jmp   short @6@122
@6@98:
                    ;
                    ;    else
                    ;         return 1;
                    ;
                    mov   ax,1
                    jmp   short @6@122
@6@122:
                    ;
                    ;
                    ;    };
                    ;
                    pop   si
                    mov   sp,bp
                    pop   bp
                    ret
@Key@Status$qv    endp
                    ;
                    ;    unsigned char Key::Flags()
                    ;
                    assume    cs:_TEXT
@Key@Flags$qv    proc   near
                    push  bp
                    mov   bp,sp
                    sub   sp,32
                    push  si
                    mov   si,word ptr [bp+4]
                    ;
                    ;    {
                    ;    union REGS ir,or;
                    ;
                    ;    /////////////////////////
                    ;    // get flag status via
                    ;    // int 0x16
                    ;
                    ;    ir.h.ah = 0x02;
                    ;
                    mov   byte ptr [bp-15],2
                    ;
                    ;
                    ;    int86(0x16,&ir,&or);
                    ;
                    lea   ax,word ptr [bp-32]
                    push  ax
                    lea   ax,word ptr [bp-16]
                    push  ax
                    mov   ax,22
```

8-4 Continued.

```
    push  ax
    call  near ptr _int86
    add   sp,6
    ;
    ;
    ;    //////////////////////
    ;    // stuff flag value
    ;
    ;    flags = or.h.al;
    ;
    mov   al,byte ptr [bp-32]
    mov   byte ptr [si+4],al
    ;
    ;
    ;    //////////////////////
    ;    // return flag value
    ;
    ;    return flags;
    ;
    mov   al,byte ptr [si+4]
    jmp   short @7@50
@7@50:
    ;
    ;    };
    ;
    pop   si
    mov   sp,bp
    pop   bp
    ret
@Key@Flags$qv    endp
    ;    Key::RightShiftKey()
    ;
    assume   cs:_TEXT
@Key@RightShiftKey$qv    proc    near
    push  bp
    mov   bp,sp
    push  si
    mov   si,word ptr [bp+4]
    ;
    ;    {
    ;    if(flags & 1)
    ;
    mov   al,byte ptr [si+4]
    mov   ah,0
    test  ax,1
    je    short @8@98
    ;
    ;        return 1;
    ;
    mov   ax,1
    jmp   short @8@122
    jmp   short @8@122
@8@98:
    ;
    ;    else
    ;        return 0;
    ;
    xor   ax,ax
```

```
                    jmp    short @8@122
        @8@122:
                    ;
                    ;    };
                    ;
                    pop    si
                    pop    bp
                    ret
        @Key@RightShiftKey$qv    endp
                    ;
                    ;    Key::LeftShiftKey()
                    ;
                    assume    cs:_TEXT
        @Key@LeftShiftKey$qv    proc    near
                    push  bp
                    mov   bp,sp
                    push  si
                    mov   si,word ptr [bp+4]
                    ;
                    ;    {
                    ;    if(flags & 2)
                    ;
                    mov   al,byte ptr [si+4]
                    mov   ah,0
                    test  ax,2
                    je    short @9@98
                    ;
                    ;        return 1;
                    ;
                    mov   ax,1
                    jmp   short @9@122
                    jmp   short @9@122
        @9@98:
                    ;
                    ;    else
                    ;        return 0;
                    ;
                    xor   ax,ax
                    jmp   short @9@122
        @9@122:
                    ;
                    ;    };
                    ;
                    pop    si
                    pop    bp
                    ret
        @Key@LeftShiftKey$qv    endp
                    ;
                    ;    Key::ControlKey()
                    ;
                    assume    cs:_TEXT
        @Key@ControlKey$qv    proc    near
                    push  bp
                    mov   bp,sp
                    push  si
                    mov   si,word ptr [bp+4]
                    ;
                    ;    {
                    ;    if(flags & 4)
                    ;
```

```
    mov    al,byte ptr [si+4]
    mov    ah,0
    test   ax,4
    je     short @10@98
    ;
    ;         return 1;
    ;
    mov    ax,1
    jmp    short @10@122
    jmp    short @10@122
@10@98:
    ;
    ;    else
    ;         return 0;
    ;
    xor    ax,ax
    jmp    short @10@122
@10@122:
    ;
    ;    };
    ;
    pop    si
    pop    bp
    ret
@Key@ControlKey$qv    endp
    ;
    ;    Key::AltKey()
    ;
    assume    cs:_TEXT
@Key@AltKey$qv    proc    near
    push   bp
    mov    bp,sp
    push   si
    mov    si,word ptr [bp+4]
    ;
    ;    {
    ;    if(flags & 8)
    ;
    mov    al,byte ptr [si+4]
    mov    ah,0
    test   ax,8
    je     short @11@98
    ;
    ;         return 1;
    ;
    mov    ax,1
    jmp    short @11@122
    jmp    short @11@122
@11@98:
    ;
    ;    else
    ;         return 0;
    ;
    xor    ax,ax
    jmp    short @11@122
@11@122:
    ;
    ;    };
    ;
```

```
                    pop    si
                    pop    bp
                    ret
            @Key@AltKey$qv    endp
                    ;
                    ;    Key::ScrollLock()
                    ;
                    assume    cs:_TEXT
            @Key@ScrollLock$qv    proc    near
                    push   bp
                    mov    bp,sp
                    push   si
                    mov    si,word ptr [bp+4]
                    ;
                    ;    {
                    ;    if(flags & 16)
                    ;
                    mov    al,byte ptr [si+4]
                    mov    ah,0
                    test   ax,16
                    je     short @12@98
                    ;
                    ;        return 1;
                    ;
                    mov    ax,1
                    jmp    short @12@122
                    jmp    short @12@122
            @12@98:
                    ;
                    ;    else
                    ;        return 0;
                    ;
                    xor    ax,ax
                    jmp    short @12@122
            @12@122:
                    ;
                    ;    };
                    ;
                    pop    si
                    pop    bp
                    ret
            @Key@ScrollLock$qv    endp
                    ;
                    ;    Key::NumLock()
                    ;
                    assume    cs:_TEXT
            @Key@NumLock$qv    proc    near
                    push   bp
                    mov    bp,sp
                    push   si
                    mov    si,word ptr [bp+4]
                    ;
                    ;    {
                    ;    if(flags & 32)
                    ;
                    mov    al,byte ptr [si+4]
                    mov    ah,0
                    test   ax,32
                    je     short @13@98
                    ;
```

```
    ;        return 1;
    ;
    mov   ax,1
    jmp   short @13@122
    jmp   short @13@122
@13@98:
    ;
    ;   else
    ;        return 0;
    ;
    xor   ax,ax
    jmp   short @13@122
@13@122:
    ;
    ;   };
    ;
    pop   si
    pop   bp
    ret
@Key@NumLock$qv    endp
    ;
    ;   Key::CapsLock()
    ;
    assume    cs:_TEXT
@Key@CapsLock$qv    proc    near
    push  bp
    mov   bp,sp
    push  si
    mov   si,word ptr [bp+4]
    ;
    ;   {
    ;   if(flags & 64)
    ;
    mov   al,byte ptr [si+4]
    mov   ah,0
    test  ax,64
    je    short @14@98
    ;
    ;        return 1;
    ;
    mov   ax,1
    jmp   short @14@122
    jmp   short @14@122
@14@98:
    ;
    ;   else
    ;        return 0;
    ;
    xor   ax,ax
    jmp   short @14@122
@14@122:
    ;
    ;   };
    ;
    pop   si
    pop   bp
    ret
```

```
@Key@CapsLock$qv    endp
    ;
    ;    Key::InsertToggle()
    ;
    assume    cs:_TEXT
@Key@InsertToggle$qv    proc    near
    push    bp
    mov     bp,sp
    push    si
    mov     si,word ptr [bp+4]
    ;
    ;    {
    ;    if(flags & 128)
    ;
    mov     al,byte ptr [si+4]
    mov     ah,0
    test    ax,128
    je      short @15@98
    ;
    ;        return 1;
    ;
    mov     ax,1
    jmp     short @15@122
    jmp     short @15@122
@15@98:
    ;
    ;    else
    ;        return 0;
    ;
    xor     ax,ax
    jmp     short @15@122
@15@122:
    ;
    ;    };
    ;
    pop     si
    pop     bp
    ret
@Key@InsertToggle$qv    endp
    public  @Key@$bctr$qv
    extrn   @$bnew$qui:near
    public  @Key@ReadKey$qv
    extrn   _int86:near
    public  @Key@ReadText$qiipzci
    public  @Key@mvCur$qii
    public  @Key@putChr$qzc
    public  @Key@Status$qv
    extrn   @keystat$qv:near
    public  @Key@Flags$qv
    public  @Key@RightShiftKey$qv
    public  @Key@LeftShiftKey$qv
    public  @Key@ControlKey$qv
    public  @Key@AltKey$qv
    public  @Key@ScrollLock$qv
    public  @Key@NumLock$qv
    public  @Key@CapsLock$qv
    public  @Key@InsertToggle$qv
```

```
;///////////////////////////////////
;//
;// keyfun.asm
;//
;// Class Key assembly functions
;//
;///////////////////////////////////

;-----------------------------------
;
; set standard DOS segment ordering
;

    DOSSEG

;-----------------------------------
;
; declare memory model as small
; and the C language parameter
; passing scheme
;

    .MODEL SMALL

;-----------------------------------
;
; declare data segment
;

    .DATA

;-----------------------------------
;
; begin code segment
;

    .CODE

;-----------------------------------
;
; declare name mangled version of
; keystat() as PUBLIC
;

    PUBLIC @keystat$qv

;-----------------------------------
;
; int @keystat$qv(void)
; (name mangled)
;
; int keystat(void);
; (proper C++ name)
;
; returns: 0  no key waiting
;         !0 16 bit key code value
;
```

```
@keystat$qv PROC

    mov     ah,1        ; get kb stat function
    int     16h         ; via int 16h
    jnz     keywait     ; jmp on no key waiting
    xor     ax,ax       ; no key wait return 0
    ret                 ; return to caller
keywait:                ; key waiting so
    xor     ax,ax       ; ax -> 0 / extract 16 bit key from
    int     16h         ; buffer regis. via int 16h
    ret                 ; and return 16 key code to caller

@keystat$qv ENDP

        END

;
;-------------------------------------
```

Let's compile KEY.CPP. From the command line, type

cc key

and press Enter.

Now let's add the KEY.OBJ object module to your TABCPP.LIB class
library file. From the command line, type

addlib key

and press Enter.

Now let's get the assembly listing for KEY.CPP. From the command
line, type

bcc − c − S key.cpp

and press Enter.

Look back at FIG. 8-4 to see the abbreviated KEY.ASM listing.

By exploring KEY.ASM, we can see that the assembly function name

keystat( )

is mangled into

@keystat$qv

Look at FIG. 8-5 to see the assembly listing to KEYFUN.ASM. This file
contains the code the function @keystat$qv( ).

Let's assemble KEYFUN.ASM. From the command line, type

tasm /mx keyfun

and press Enter.

Now let's add KEYFUN.OBJ to your TABCPP.LIB class library file.
From the command line, type

addlib keyfun

and press Enter.

Getting input from the keyboard

Figure 8-6 presents the source code listing to PROG24.CPP, which demonstrates the use of Key class member method ReadKey(...). ReadKey(...) stops program execution and waits for a key press to continue.

Let's compile and link PROG24.CPP. From the command line, type

cc prog24

and press Enter.

From the command line, type

ccl prog24

and press Enter.

Running PROG24.EXE demonstrates how to stop program execution and read a key from the keyboard.

8-6 Source code listing of PROG24.CPP.

```
///////////////////////////////////
//
// prog24.cpp
//
// Tests ReadKey(...) method
//
///////////////////////////////////

//////////////////////////
// include C++ I/O
// header

#include <iostream.h>


//////////////////////////
// include defs

#include "keyboard.h"
#include "key.h"

//////////////////////////
//
// begin main program

void main()
{
//////////////////////////
// declare key

Key K1(0);
```

```
///////////////////////
// loop here to
//
// 1. wait for key press
// 2. if F1 pressed
//        then quit
// 3. else
//        print scan code
//                char code
//                16 bit

for(;;)
    {
    ///////////////////////
    // stop prog execution
    // and read key press

    K1.ReadKey();

    ///////////////////////
    // print 16 bit key code

    cout << "16 Bit Key Code = " << (int)K1.KeyCode() << "\n";

    ///////////////////////
    // print 8 bit scan code

    cout << "Scan Code = " << (int)K1.ScanCode() << "\n";

    ///////////////////////
    // print 8 bit char code

    cout << "Char Code = " << (int)K1.CharCode() << "\n";

    ///////////////////////
    // print char

    cout << "Char Code = " << (char)K1.CharCode() << "\n\n";

    ///////////////////////
    // if F1 key press then
    // exit

    if(K1.KeyCode()==F1)
        break;

    }

}
```

Figure 8-7 presents the source code listing to PROG25.CPP. This demonstration program shows the Key class member method ReadText(...) in action. Member method Readtext(...) gets a string of text from the keyboard and places it in a buffer. ReadText(...) can be terminated with either the Esc or Enter keypress.

Let's compile and link PROG25.CPP. From the command line, type

cc prog25

```
////////////////////////////////////
//
// prog25.cpp
//
// Tests ReadText(...) method
//
////////////////////////////////////

/////////////////////////
// include C++ I/O
// header

#include <iostream.h>


/////////////////////////
// include defs

#include "location.h"
#include "cursor.h"
#include "attribut.h"
#include "screen.h"
#include "key.h"

/////////////////////////
//
// begin main program

void main()
{
char name[60];
int response;

/////////////////////////
// declare attributes

Attribute A1(BLUE,WHITE);
Attribute A2(WHITE,BLACK);

/////////////////////////
// declare cursor

Cursor C1(7,8);

/////////////////////////
// declare key

Key K1(0);

/////////////////////////
// declare screen

Screen S1(A1.Original());

/////////////////////////
// clear screen
```

```
                    S1.Clear(A1.Original());

                    ////////////////////////
                    // write ReadText
                    // prompt

                    S1.WriteText(5,0,11,"Enter Name:",A1.Original());

                    ////////////////////////
                    // read user name

                    response = K1.ReadText(5,12,name,60);

                    ////////////////////////
                    // determine ReadText
                    // terminating key and
                    // take appropriate
                    // action

                    ////////////////////////
                    // ENTER key terminate

                    if(response)
                        {
                        ////////////////////////
                        // verify name

                        S1.WriteText(6,0,0,"Your Name:",A1.Original());
                        S1.WriteText(6,12,0,name,A1.Inverse());
                        }

                    ////////////////////////
                    // ESCAPE key terminate

                    else
                        ////////////////////////
                        // ESC press -> abort

                        S1.WriteText(6,0,0,"ESCAPE key press: ABORT",A1.Original());

                    ////////////////////////
                    // wait for key press

                    K1.ReadKey();

                    ////////////////////////
                    // clear the screen

                    S1.Clear(A2.Original());

                    ////////////////////////
                    // move cursor to screen
                    // 0,0 loc

                    C1.MoveTo(0,0);

                    }
```

and press Enter.

From the command line, type

```
ccl prog25
```

and press Enter.

Running PROG25.EXE demonstrates how to read a string of text from the keyboard.

Figure 8-8 presents the source code listing to PROG26.CPP. This program demonstrates the use of Key class member method Status(...). Status(...) continually polls the keyboard to see if a key has been pressed. When a key is pressed, its scan and character codes are returned. Key class member method ReadKey(...) and Status(...) function in an identical fashion with the exception that ReadKey(...) stops program execution and waits for a key press to continue, while Status(...) doesn't stop program execution.

Let's compile and link PROG26.CPP. From the command line, type

```
cc prog26
```

and press Enter.

From the command line, type

```
ccl prog26
```

and press Enter.

Running PROG26.EXE demonstrates how to poll the keyboard to see if a key has been pressed without stopping program execution.

8-8 Source code listing of PROG26.CPP.

```
//////////////////////////////////
//
// prog26.cpp
//
// Tests Status(...) method
//
//////////////////////////////////

//////////////////////////
// include C++ I/O
// header

#include <iostream.h>


//////////////////////////
// include defs

#include "keyboard.h"
#include "key.h"

//////////////////////////
//
// begin main program
```

```
void main()
{
///////////////////////
// declare key

Key K1(0);


///////////////////////
// loop here to
//
// 1. test to see if key waiting
// 2. if F1 pressed
//        then quit
// 3. else if no key waiting
//        then print no key message \n
// 4. else
//        print scan code
//               char code
//               16 bit
//        stop and wait for key press
//

for(;;)
    {
    ///////////////////////////
    // if key not waiting
    // print message

    if(!K1.Status())
        cout << "No Key Waiting\n";
    else
        {
        ///////////////////////////
        // print new line

        cout << "\n";

        ///////////////////////////
        // print 16 bit key code

        cout << "16 Bit Key Code = " << (int)K1.KeyCode() << "\n";

        ///////////////////////////
        // print 8 bit scan code

        cout << "Scan Code = " << (int)K1.ScanCode() << "\n";

        ///////////////////////////
        // print 8 bit char code

        cout << "Char Code = " << (int)K1.CharCode() << "\n";

        ///////////////////////////
        // print char

        cout << "Char Code = " << (char)K1.CharCode() << "\n\n";

        ///////////////////////////
        // if F1 key press then
```

```
// exit

if(K1.KeyCode()==F1)
   break;

//////////////////////////
// wait for key press

cout << "\nPress any key to continue test / F1 to Quit \n";

K1.ReadKey();

//////////////////////////
// if F1 key press then
// exit

if(K1.KeyCode()==F1)
   break;


   }


   }
}
```

Figure 8-9 presents the source code listing to PROG27.CPP. This program demonstrates the use of Key class member method Flags(...). Member method Flags(...) reads key shift status.

Let's compile and link PROG27.CPP. From the command line, type

cc prog27

and press Enter.

From the command line, type

ccl prog27

and press Enter.

Running PROG27.EXE demonstrates how to read key shift status.

8-9 Source code listing of PROG27.CPP.

```
////////////////////////////////////
//
// prog27.cpp
//
// Tests Flags(...) method
//
////////////////////////////////////
```

```
///////////////////////
// include C++ I/O
// header

#include <iostream.h>


///////////////////////
// include defs

#include "keyboard.h"
#include "key.h"

///////////////////////
//
// begin main program

void main()
{
///////////////////////
// declare key

Key K1(0);


///////////////////////
// loop here to
//
// 1. test flags
// 2. if ALT CNTL pressed
//        then quit
// 3. else if
//        then print flags \n
//

for(;;)
    {
    ///////////////////////////
    // if key not waiting
    // print message

    if(K1.Flags())
        {
        ///////////////////////////
        // print new line

        cout << "\n";

        ///////////////////////////
        // check right shift

        if(K1.RightShiftKey())
            cout << "Right Shift / ";

        ///////////////////////////
        // check left shift

        if(K1.LeftShiftKey())
            cout << "Left Shift / ";
```

```
////////////////////////
// control key

if(K1.ControlKey())
    cout << "Control / ";

////////////////////////
// alt key

if(K1.AltKey())
    cout << "Alt / ";

////////////////////////
// scroll lock

if(K1.ScrollLock())
    cout << "Scroll / ";

////////////////////////
// num lock

if(K1.NumLock())
    cout << "Num / ";

////////////////////////
// caps lock

if(K1.CapsLock())
    cout << "Caps / ";

////////////////////////
// insert toggled

if(K1.InsertToggle())
    cout << "Insert / ";

////////////////////////
// new line

cout << "\n";

////////////////////////
// quit check

if(K1.AltKey()&&K1.ControlKey())
    break;


    }
  }
}
```

Summary

In this chapter, the Key class definition and member methods were presented. You've learned how to

- stop program execution and get a keypress.
- not stop program execution and get the keypress value when a key is pressed.
- read a string of text from the keyboard.
- get keyboard's shift status.

Figure 8-10 presents the current status of the TABCPP.LIB library listing.

8-10 TABCPP.LIB library listing.

```
Publics by module

ATTRIBUT    size = 455
    Attribute::Attribute(unsigned char,unsigned char)
    Attribute::Reset(unsigned char,unsigned char)

BOX         size = 935
    Box::Box(int,int,int,int,char,unsigned char)
    Box::BRestore()
    Box::BSave()
    Box::Destroy()
    Box::Display()
    Box::MoveRelativeTo(int,int)
    Box::MoveTo(int,int)
    Box::Remove()
    Box::Restore()
    Box::Save()

CURSOR      size = 660
    Cursor::Cursor(unsigned char,unsigned char)
    Cursor::Hide()
    Cursor::MoveRelativeTo(int,int)
    Cursor::MoveTo(int,int)
    Cursor::RestoreLocation()
    Cursor::RestoreSize()
    Cursor::SaveLocation()
    Cursor::SaveSize()
    Cursor::Show()
    Cursor::Size(int,int)

EMS         size = 849
    Ems::Ems(int)
    Ems::Allocate(int)
    Ems::Available()
```

```
   Ems::Map(int,int,int)
   Ems::ReadData(int,int,int,int,char near*,int)
   Ems::Release(int)
   Ems::WriteData(int,int,int,int,char near*,int)

EMSFUN     size = 68
   IsEms()

KEY        size = 879
   Key::Key(int)
   Key::AltKey()
   Key::CapsLock()
   Key::ControlKey()
   Key::Flags()
   Key::InsertToggle()
   Key::LeftShiftKey()
   Key::NumLock()
   Key::ReadKey()
   Key::ReadText(int,int,char near*,int)
   Key::RightShiftKey()
   Key::ScrollLock()
   Key::Status()
   Key::mvCur(int,int)
   Key::putChr(char)

KEYFUN     size = 14
   keystat()

LOCATION   size = 91
   Location::Location(int,int)
   Location::Modify(int,int)
   Location::Reset(int,int)

PAD        size = 1955
   Pad::Pad(char near*,char near*near*,int near*,
            int,int,int,int,int,int,char,unsigned char)
   Pad::BRestore()
   Pad::BSave()
   Pad::Destroy()
   Pad::Display()
   Pad::MoveRelativeTo(int,int)
   Pad::MoveTo(int,int)
   Pad::ReadKey()
   Pad::Remove()
   Pad::RepeatChar(int,int,int,char,unsigned char)
   Pad::Restore()
   Pad::Save()
   Pad::View()
   Pad::WriteChar(int,int,char,unsigned char)
   Pad::WriteText(int,int,int,char near*,unsigned char)
   Pad::WriteVBar(int,int,int,unsigned char)
   Pad::display_file(int,int)

PAD2       size = 323
   process_pad_file(char near*,char near*near*,int,int)

PRINTER    size = 466
   Printer::Printer(int)
```

```
              Printer::CarriageReturn()
              Printer::Error()
              Printer::FormFeed()
              Printer::GetStatus()
              Printer::Initialize()
              Printer::LineFeed()
              Printer::NewLine()
              Printer::PrintScreen()
              Printer::SetColumn(int)
              Printer::WriteChar(char)
              Printer::WriteText(char near*,int)

     SCREEN        size = 1850
        Screen::Screen(unsigned char)
        Screen::Attribute(unsigned char)
        Screen::Clear(unsigned char)
        Screen::CopyPage(int,int)
        Screen::ExtractAttribute(int)
        Screen::ExtractChar(int)
        Screen::FlipPage(int)
        Screen::ReadChar(int,int)
        Screen::ReadString(int,int,int,char near*)
        Screen::ReadText(int,int,int,unsigned int near*)
        Screen::RepeatAttribute(int,int,int,unsigned char)
        Screen::RepeatChar(int,int,int,char,unsigned char)
        Screen::Restore()
        Screen::Save()
        Screen::SelectPage(int)
        Screen::WriteChar(int,int,char,unsigned char)
        Screen::WriteHBar(int,int,int,unsigned char)
        Screen::WriteString(int,int,int,char near*)
        Screen::WriteText(int,int,int,char near*,unsigned char)
        Screen::WriteVBar(int,int,int,unsigned char)

     WGLOBAL       size = 16004
        _ActivePage                         _bp
        _p1                                 _p2
        _p3
```

9
Window management in C++

Visually, a window appears and disappears as a box might with the exception that the window, by default in this book, contains a border surrounding its outer edges. To the programmer, however, the window acts like a mini-screen. The Window class member methods that write to the window consider the upper left hand row and column location of the window as the origin.

So the Window class member method WriteText(...) coded to write text to row 0 and column 0 will send the text to the window starting at the upper left-hand window border corner character. If you had used the Screen class member method WriteText(...) and sent the text to row 0 and column 0, it would be written starting at the upper left hand corner of the screen. Writing to the entire screen might be said to be done within a *global* coordinate system framework, whereas writing to a window might be said to be done within a *local* coordinate framework.

Another facet of generating windows using the C++ Window class presented in this chapter is that you are empowered to dictate whether there is a shadow from an imagined upper-left light source or not. The shadow is created by altering the text attribute in the window's shadow area.

The Window class

Figure 9-1 presents the source code listing to WINDOW.H, which presents the formal definition of the Window class.

```
////////////////////////////////////
//
// window.h
//
// Window Class
//
////////////////////////////////////

/////////////////////////
// window defines

#define BORDER_SSSS 0     // single border
#define BORDER_DDDD 1     // double border
#define BORDER_DDSS 2     // double top/bot  single left/rt

#define TITLE_UL    0     // title upper left
#define TITLE_UC    1     // title upper center
#define TITLE_LL    2     // title lower left
#define TITLE_LC    3     // title lower center

#define SHADOW_ATTR 8     // BLACK,BLACK,ON_INTENSITY,OFF_BLINK
#define SHADOW_OFF  0     // no shadow
#define SHADOW_ON   1     // yes shadow

class Window : Box {
    unsigned char attr;
    int style;
    int title_loc;
    int shadow;
    char *hc_shadbuf;
    unsigned char *ha_shadbuf;
    char *vc_shadbuf;
    unsigned char *va_shadbuf;
    char *title;
    int shadow_saved;
public:                                 // Window class methods
    Window(                             // Window constructor
            int ulr,                    // upper left corner row
            int ulc,                    // upper left corner column
            int lrr,                    // lower right corner row
            int lrc,                    // lower right corner column
            int window_style,           // border style
            char *window_title,         // title string
            int title_location,         // location of title on border
            int shadow_status,          // 0=shadow off,1=shadow on
            unsigned char battr);       // fill attribute
    int GetULCol()                      // return the upper
        {return upper_left_col;}        // left column value
    int GetULRow()                      // return the upper
        {return upper_left_row;}        // left row value
    int GetWidth() {return width;}      // return window width
    int GetHeight() {return height;}    // return window height
    unsigned char Attribute()
```

```
                    {return attr;}
        void Display(void);                    // Display previously Removed box
        void Remove(void);                     // Remove Displayed box
        void Save(void);                       // save screen under box box
        void BSave(void);                      // box visible box image
        void Restore(void);                    // restore screen image
        void BRestore(void);                   // restore box image
        void Destroy(void);                    // frees memory for save & restore
        void ReSize(int horiz,int vert);       // change box sixe
        void MoveRelativeTo(int r,int c);      // box move relative to
        void MoveTo(int r,int c);              // move box to new row & col location
        void WriteULChar();                    // write the upper left corner
        void WriteLLChar();                    // write this lower left corner
        void WriteURChar();                    // write the upper right corner
        void WriteLRChar();                    // write the lower right corner
        void WriteChar(int row,                // write char and attribute
            int col,                           // at specified row and col
            char ch,                           // location to the
            unsigned char attr);               // window
        void ReadChar(int row,                 // read a char and
            int col,                           // attribute from
            char *ch,                          // specified row and
            unsigned char *attr);              // and col location
        void RepeatChar(int row,               // repeat char at
            int col,                           // row and col of
            int number,                        // specified num using
            char ch,                           // designated char and
            unsigned char attr);               // attribute
        void RepeatAttribute(int row,          // repeat attribute
            int col,                           // at row and col of
            int number,                        // of specified number
            unsigned char attr);               // using designated attr
        void WriteText(                        // write string of text
            int row,                           // starting at row
            int col,                           // column location
            int length,                        // of length chars
            char *string,                      // from this string
            unsigned char attribute);          // using this attribute
        void ReadText(                         // read a string of text
            int row,                           // at this row
            int col,                           // and column
            int length,                        // of this length
            unsigned int ibuf[]);              // to this buffer
        void WriteString(                      // write a string of text
            int row,                           // at this row
            int col,                           // and column
            int length,                        // of this length
            char *string);                     // from this string
        void ReadString(                       // read a string of text
            int row,                           // from this row
            int col,                           // and column
            int length,                        // at this length
            char *string);                     // with this string
        void draw_shadow(void);                // draw window shadow
        void erase_shadow(void);               // erase window shadow
};
```

Figure 9-2 presents the source code listing to TABCPP.H, which includes all the class definition files contained in the TABCPP C++ class library. Using TABCPP.H is a convenient way to include class definition header files without spending time thinking about which classes are being used in the program.

9-2 Source code listing of TABCPP.H.

```
//////////////////////////////////////////
//
// tabcpp.h
//
// Inlcude all the TABCPP class header
// files in one fell swoop
//
//////////////////////////////////////////

/////////////////////////
// include class def
// header files

#include "keyboard.h"
#include "ascii.h"
#include "location.h"
#include "attribut.h"
#include "cursor.h"
#include "key.h"
#include "printer.h"
#include "ems.h"
#include "screen.h"
#include "box.h"
#include "window.h"
#include "pad.h"

//
// End of tabcpp.h
//
//////////////////////////////////////////
```

Figure 9-3 presents the source code listing to WINDOW.CPP, which contains the source code for the Window class member methods. Remember to take care when creating this long source file.

Let's compile WINDOW.CPP. From the command line, type

cc window

and press Enter.

Now let's add the WINDOW.OBJ object module to the TABCPP.LIB class library file. From the command line, type

addlib window

and press Enter.

```
///////////////////////////////////
//
// window.cpp
//
// Class window methods
//
///////////////////////////////////

//////////////////////
// include def files

#include <alloc.h>
#include <string.h>
#include "screen.h"
#include "box.h"
#include "window.h"

//////////////////////
// variable ActivePage
// declared in file
// WGLOBAL.CPP

extern    unsigned int far *ActivePage;

///////////////////////////////////
//
// Window
//
// Declare Window instance
//
///////////////////////////////////

Window::Window(int ulr,
               int ulc,
               int lrr,
               int lrc,
               int window_style,
               char *window_title,
               int title_location,
               int shadow_status,
               unsigned char battr) :
   Box(ulr,ulc,lrr,lrc,' ',battr)

{
int size;
int row;
int column;
unsigned char far *scrn;
unsigned char far *dup_scrn;
int count,count1;
long offset;
char cc;
unsigned char ca;

//////////////////////
// set window attribute

attr = battr;
```

```
///////////////////////
// set box style

style = window_style;

///////////////////////
// set title

title = window_title;

///////////////////////
// set title location

title_loc = title_location;

///////////////////////
// set shadow status

shadow = shadow_status;

///////////////////////
// write top bar of
// window

if(style==BORDER_SSSS)
   Window::RepeatChar(upper_left_row,
                      upper_left_col+1,
                      width-2,
                      196,
                      attr);
else
   Window::RepeatChar(upper_left_row,
                      upper_left_col+1,
                      width-2,
                      205,
                      attr);


///////////////////////
// write bottom bar of
// window

if(style==BORDER_SSSS)
   Window::RepeatChar(lower_right_row,
                      upper_left_col+1,
                      width-2,
                      196,
                      attr);
else
   Window::RepeatChar(lower_right_row,
                      upper_left_col+1,
                      width-2,
                      205,
                      attr);

///////////////////////
// write left vertical
// bar of window
```

```
if(style==BORDER_SSSS||style==BORDER_DDSS)
    {
    for(row=upper_left_row+1;row<lower_right_row;row++)
        Window::WriteChar(row,upper_left_col,179,attr);
    }
else
    {
    for(row=upper_left_row+1;row<lower_right_row;row++)
        Window::WriteChar(row,upper_left_col,186,attr);
    }

///////////////////////
// write right vertical
// bar of window

if(style==BORDER_SSSS||style==BORDER_DDSS)
    {
    for(row=upper_left_row+1;row<lower_right_row;row++)
        Window::WriteChar(row,lower_right_col,179,attr);
    }
else
    {
    for(row=upper_left_row+1;row<lower_right_row;row++)
        Window::WriteChar(row,lower_right_col,186,attr);
    }


///////////////////////
// write upper left
// corner

Window::WriteULChar();

///////////////////////
// write lower left
// corner

Window::WriteLLChar();

///////////////////////
// write upper right
// corner

Window::WriteURChar();

///////////////////////
// write lower right
// corner

Window::WriteLRChar();


///////////////////////
// write window title

// title upper left

if(title_loc==TITLE_UL)

    // write title
```

```
    Window::WriteText(0,2,0,title,attr);
// title upper center
else if(title_loc==TITLE_UC)
    {
    // write offset

    offset = (width/2) - (strlen(title)/2);

    // write title

    Window::WriteText(0,offset,0,title,attr);
    }

// title lower left

else if(title_loc==TITLE_LL)

    // write title

    Window::WriteText(height-1,2,0,title,attr);

// title lower center

else
    {
    // write offset

    offset = (width/2) - (strlen(title)/2);

    // write title

    Window::WriteText(height-1,offset,0,title,attr);
    }

/////////////////////////
// if shadow on allocate
// memory and save
// shadow images

if(shadow==SHADOW_ON)
    {
    shadow_saved=1;
    hc_shadbuf = (char *)calloc(80,sizeof(char));
    ha_shadbuf = (unsigned char *)calloc(80,sizeof(unsigned char));
    vc_shadbuf = (char *)calloc(25,sizeof(char));
    va_shadbuf = (unsigned char *)calloc(25,sizeof(unsigned char));
    for(count1=0; count1<width-1; count1++)
        {
        Window::ReadChar(lower_right_row+1,
                    upper_left_col+1+count1,
                    &cc,
                    &ca);
        *(hc_shadbuf+count1) = cc;
        *(ha_shadbuf+count1) = ca;
        }
    for(count1=0,row=upper_left_row+1;row<=lower_right_row+1;row++,count1++)
        {
```

```
                Window::ReadChar(row,lower_right_col+1,&cc,&ca);
                *(vc_shadbuf+count1) = cc;
                *(va_shadbuf+count1) = ca;
                }

        ////////////////////////
        // draw SHADOW

        Window::draw_shadow();
        }

    };



//////////////////////////////////////////
//
// Display(...)
//
// Display window defined by Window
// constructor
//
//////////////////////////////////////////

void Window::Display()
{
char cc;

unsigned char ca;
int row,count1;
////////////////////////
// if the window is not
// visible then

if(visible==BOX_IS_NOT_VISIBLE)
    {
    if(shadow==SHADOW_ON&&!shadow_saved)
        {
        shadow_saved=1;
        hc_shadbuf = (char *)calloc(80,sizeof(char));
        ha_shadbuf = (unsigned char *)calloc(80,sizeof(unsigned char));
        vc_shadbuf = (char *)calloc(25,sizeof(char));
        va_shadbuf = (unsigned char *)calloc(25,sizeof(unsigned char));
        for(count1=0; count1<width-1; count1++)
            {
            Window::ReadChar(lower_right_row+1,
                        upper_left_col+1+count1,
                        &cc,
                        &ca);
            *(hc_shadbuf+count1) = cc;
            *(ha_shadbuf+count1) = ca;
            }
        for(count1=0,row=upper_left_row+1;row<=lower_right_row+1;row++,count1++)
            {
            Window::ReadChar(row,lower_right_col+1,&cc,&ca);
            *(vc_shadbuf+count1) = cc;
            *(va_shadbuf+count1) = ca;
            }

        ////////////////////////
```

```
    // draw SHADOW

    Window::draw_shadow();
    }


///////////////////////
// save the screen
// image to
// memory

Box::Save();

///////////////////////
// restore window image

Box::BRestore();

///////////////////////
// display shadow

if(shadow==SHADOW_ON)

    Window::draw_shadow();

    ///////////////////////
    // set visible

    visible = BOX_IS_VISIBLE;
    }
};

/////////////////////////////////////
//
// Remove(...)
//
// Remove window defined by Window
// constructor and restore
// original screen image
//
/////////////////////////////////////

void Window::Remove()
{
///////////////////////
// if the window is not
// visible then

if(visible==BOX_IS_VISIBLE)
    {
    ///////////////////////
    // save window image

    Box::BSave();

    ///////////////////////
    // restore screen image

    Box::Restore();
```

```
/////////////////////
// restore shadow image
// if shadow on

if(shadow==SHADOW_ON)
   {
   Window::erase_shadow();
   shadow_saved=0;
   free(hc_shadbuf);
   free(ha_shadbuf);
   free(vc_shadbuf);
   free(va_shadbuf);
   }


/////////////////////
// set visible flag

   visible = BOX_IS_NOT_VISIBLE;
   }
);


/////////////////////////////////////
//
// Destroy(...)
//
// Frees memory pointed to by
//  window_image    &
//  screen_image
//
/////////////////////////////////////

void Window::Destroy()
{
Box::Destroy();
}


/////////////////////////////////////
//
// MoveRelativeTo(...)
//
// Moves window relative to current
// window location
//
/////////////////////////////////////

void Window::MoveRelativeTo(int r,int c)
{
if(visible==BOX_IS_VISIBLE)
   {
   /////////////////////
   // remove window from
   // screen

   Window::Remove();

   /////////////////////
   // adjust window coor-
   // dinates
```

```
upper_left_row += r;
upper_left_col += c;

lower_right_row += r;
lower_right_col += c;

/////////////////////////
// display window in new
// location

    Window::Display();
    }
};


///////////////////////////////////////
//
// MoveTo(...)
//
// Moves window to new location
//
///////////////////////////////////////

void Window::MoveTo(int r,int c)
{
int row_offset,col_offset;


if(visible==BOX_IS_VISIBLE)
    {
    ///////////////////////
    // remove window from
    // screen

    Window::Remove();

    ///////////////////////
    // calculate new upper
    // left and lower right
    // window corner locations

    upper_left_row = r;
    upper_left_col = c;
    lower_right_row = r + height - 1;
    lower_right_col = c + width - 1;

    ///////////////////////
    // display window in new
    // location

    Window::Display();
    }
};


///////////////////////////////////////
//
// WriteULChar(...)
//
```

```
// Writes an Upper Left single corner
// window character.
//
//////////////////////////////////////

void Window::WriteULChar()
{
if(style==BORDER_SSSS)
   Window::WriteChar(upper_left_row,upper_left_col,218,attr);
else if(style==BORDER_DDDD)
   Window::WriteChar(upper_left_row,upper_left_col,201,attr);
else
   Window::WriteChar(upper_left_row,upper_left_col,213,attr);

};


//////////////////////////////////////
//
// WriteLLChar(...)
//
// Writes an Lower Left single corner
// window character.
//
//////////////////////////////////////

void Window::WriteLLChar()
{
if(style==BORDER_SSSS)
   Window::WriteChar(lower_right_row,upper_left_col,192,attr);
else if(style==BORDER_DDDD)
   Window::WriteChar(lower_right_row,upper_left_col,200,attr);
else
   Window::WriteChar(lower_right_row,upper_left_col,212,attr);
};

//////////////////////////////////////
//
// WriteURChar(...)
//
// Writes an Upper Right single corner
// window character.
//
//////////////////////////////////////

void Window::WriteURChar()
{
if(style==BORDER_SSSS)
   Window::WriteChar(upper_left_row,lower_right_col,191,attr);
else if(style==BORDER_DDDD)
   Window::WriteChar(upper_left_row,lower_right_col,187,attr);
else
   Window::WriteChar(upper_left_row,lower_right_col,184,attr);
};

//////////////////////////////////////
//
// WriteLRChar(...)
//
```

```
// Writes a Lower Right single corner
// window character.
//
////////////////////////////////////

void Window::WriteLRChar()
{
if(style==BORDER_SSSS)
   Window::WriteChar(lower_right_row,lower_right_col,217,attr);
else if(style==BORDER_DDDD)
   Window::WriteChar(lower_right_row,lower_right_col,188,attr);
else
   Window::WriteChar(lower_right_row,lower_right_col,190,attr);
};

////////////////////////////////////
//
// WriteChar(...)
//
// Writes a character to the screen
// at a designated row and column
// location using a specified screen
// attribute
//
////////////////////////////////////


void Window::WriteChar(int row,
          int col,
          char ch,
          unsigned char attr)
{
unsigned char far *scrn;
int count;
long offset;

/////////////////////////
// cast
//
// int far * to
// char far *
//
// to address both
// Page char and
// attribute in as
// individuals

scrn = (unsigned char far *)ActivePage;

/////////////////////////
// calculate page offset
// for char and attr
// placement

offset = (long)(row*160)+(col*2);

/////////////////////////
// add page offset to
// pointer
```

```
                    scrn = scrn + offset;

                    ///////////////////////
                    // move char to page

                    *scrn++ = ch;

                    ///////////////////////
                    // move attribute to
                    // page

                    *scrn++ = (unsigned char)attr;

                    };

                    ///////////////////////////////////////
                    //
                    // ReadChar(...)
                    //
                    // Reads a character from the screen
                    // to a designated variable
                    //
                    ///////////////////////////////////////


                    void Window::ReadChar(int row,
                            int col,
                            char *ch,
                            unsigned char *attr)
                    {
                    unsigned char far *scrn;
                    int count;
                    long offset;

                    ///////////////////////
                    // cast
                    //
                    // int far * to
                    // char far *
                    //
                    // to address both
                    // Page char and
                    // attribute in as
                    // individuals

                    scrn = (unsigned char far *)ActivePage;

                    ///////////////////////
                    // calculate page offset
                    // for char and attr
                    // placement

                    offset = (long)(row*160)+(col*2);


                    ///////////////////////
                    // add page offset to
                    // pointer

                    scrn = scrn + offset;
```

```
/////////////////////////
// move char to buff

*ch = *scrn++;

/////////////////////////
// move attribute to
// page

*attr = *scrn;

};

///////////////////////////////////////
//
// RepeatChar(...)
//
// Repeat a designated Character
// starting at a specified screen
// location using a designated
// attribute.
//
///////////////////////////////////////

void Window::RepeatChar(int row,
          int col,
          int number,
          char ch,
          unsigned char attr)
{
unsigned char far *scrn;
int count;
long offset;

scrn = (unsigned char far *)ActivePage;
offset = (long)(row*160)+(col*2);
scrn = scrn + offset;
if(number!=0)
    {
    for(count=0; count<number; count++)
        {
        *scrn++ = ch;

        *scrn++ = (unsigned char)attr;
        }
    }
};

///////////////////////////////////////
//
// RepeatAttribute(...)
//
// Repeat a designated Attribute
// starting at a specified screen
// location (screen chars remain
// unchanged).
//
///////////////////////////////////////
```

```
void Window::RepeatAttribute(int row,
        int col,
        int number,
        unsigned char attr)
{
unsigned char far *scrn;
int count;
long offset;

scrn = (unsigned char far *)ActivePage;
offset = (long)(row*160)+(col*2);
scrn = scrn + offset;
if(number!=0)
    {
    for(count=0; count<number; count++)
        {
        scrn++;
        *scrn++ = (unsigned char)attr;
        }
    }
};

/////////////////////////////////////
//
// WriteText(...)
//
// Writes text to the window
// at a designated row and column
// location using a specified window
// attribute. If 0 number is specified
// for length then the text is written
// until the terminating NULL is found.
//
/////////////////////////////////////

void Window::WriteText(int row,
        int col,
        int length,

        char *str,
        unsigned char attribute)
{
unsigned char far *scrn;
int count;
long offset;

////////////////////////
// adjust row and col
// values to local
// window coordinate
// system

row += upper_left_row;

col += upper_left_col;

////////////////////////
// cast
//
// int far * to
```

9-3 Continued.

```
// char far *
//
// to address both
// Page char and
// attribute in as
// individuals

scrn = (unsigned char far *)ActivePage;

/////////////////////////
// calculate page offset
// for char and attr
// placement

offset = (long)(row*160)+(col*2);

/////////////////////////
// add page offset to
// pointer

scrn = scrn + offset;

/////////////////////////
// length is not 0 so
// print length number
// of chars and attrs

if(length!=0)
    {
    /////////////////////////
    // write length number
    // of chars and attrs

    for(count=0; count<length; count++)
        {
        /////////////////////////
        // move character
        // to page

        *scrn++ = *str++;

        /////////////////////////
        // move attribute
        // to page

        *scrn++ = (unsigned char)attribute;
        }
    }
else
    {
    /////////////////////////
    // write chars & attrs
    // until NULL char
    // found

    while(*str)
        {

        /////////////////////////
```

```
                                          // move character
                                          // to page

                                          *scrn++ = *str++;

                                          /////////////////////
                                          // move attribute
                                          // to page

                                          *scrn++ = (unsigned char)attribute;

                                          }

                                }
                        };
```

```
////////////////////////////////////////
//
// WriteString(...)
//
// Writes string to the window
// at a designated row and column
// location. The window attribute
// remains unchanged. If 0 number is
// designated for length the string
// is written until a terminating NULL
// is found.
//
////////////////////////////////////////

void Window::WriteString(int row,
            int col,
            int length,
            char *str)
{
unsigned char far *scrn;
int count;
long offset;

/////////////////////////
// adjust row and col
// values to local
// window coordinate
// system

row += upper_left_row;

col += upper_left_col;

/////////////////////////
// cast
//
// int far * to
// char far *
//
// to address both
// Page char

scrn = (unsigned char far *)ActivePage;
```

9-3 Continued.

```
///////////////////////
// calculate page offset
// for char
// placement

offset = (long)(row*160)+(col*2);

///////////////////////
// add page offset to
// pointer

scrn = scrn + offset;

///////////////////////
// length is not 0 so
// print length number
// of chars and attrs

if(length!=0)
    {
///////////////////////
// adjust row and col
// values to local
// window coordinate
// system

row += upper_left_row;

col += upper_left_col;

    ///////////////////////
    // write length number
    // of chars

    for(count=0; count<length; count++)
        {
        ///////////////////////
        // move character
        // to page

        *scrn++ = *str++;

        ///////////////////////
        // bypass attribute

        *scrn++;
        }
    }
else
    {
    ///////////////////////
    // write chars
    // until NULL char
    // found

    while(*str)
        {
```

```
                    ///////////////////////
                    // move character
                    // to page

                    *scrn++ = *str++;

                    ///////////////////////
                    // bypass attribute

                    *scrn++;

                }

        }
};

/////////////////////////////////////////
//
// ReadString(...)
//
// Reads a string from the window
// at a designated row and column
// location.
//
/////////////////////////////////////////

void Window::ReadString(int row,
            int col,
            int length,
            char *str)
{
unsigned char far *scrn;
int count;
long offset;

///////////////////////
// adjust row and col
// values to local
// window coordinate
// system

row += upper_left_row;

col += upper_left_col;

///////////////////////
// cast
//
// int far * to
// char far *
//
// to address both
// Page char and
// attribute in as
// individuals

scrn = (unsigned char far *)ActivePage;

///////////////////////
```

```
// calculate page offset
// for char and attr
// placement

offset = (long)(row*160)+(col*2);

//////////////////////
// add page offset to
// pointer

scrn = scrn + offset;

//////////////////////
// read length number
// of chars and

//////////////////////
// read length number
// of chars

for(count=0; count<length; count++)
   {
   //////////////////////
   // read character
   // from page

   *str++ = *scrn++;

   //////////////////////
   // bypass attribute

   *scrn++;
   }
};


///////////////////////////////////
//
// draw_shadow
//
// draw the shadow
//
///////////////////////////////////

void Window::draw_shadow()
{
int row;

Window::RepeatAttribute(lower_right_row+1,
                   upper_left_col+1,
                   width-1,
                   SHADOW_ATTR);
for(row=upper_left_row+1; row<=lower_right_row+1; row++)
   RepeatAttribute(row,lower_right_col+1,1,SHADOW_ATTR);
};

///////////////////////////////////
//
```

```
// erase_shadow
//
// erase the shadow
//
///////////////////////////////////////

void Window::erase_shadow()
{
int row;

int counter;

for(counter=0; counter<width-1; counter++)
   Window::WriteChar(lower_right_row+1,
                     upper_left_col+1+counter,
                     (char)*(hc_shadbuf+counter),
                     (unsigned char)*(ha_shadbuf+counter));

for(counter=0,row=upper_left_row+1;row<=lower_right_row+1;row++,counter++)
   Window::WriteChar(row,
                     lower_right_col+1,
                     (char)*(vc_shadbuf+counter),
                     (unsigned char)*(va_shadbuf+counter));
};
```

Figure 9-4 presents the source code listing to PROG28.CPP. This demonstration program shows how to use the Window class member methods to create a full-screen bordered window with no shadow. The full-screen window is displayed and removed.

Let's compile and link PROG28.CPP. From the command line, type

cc prog28

and press Enter.

From the command line, type

ccl prog28

and press Enter.

Running PROG28.EXE shows a full screen window with no shadow being displayed and removed from the screen.

9-4 Source code listing of PROG29.CPP.

```
///////////////////////////////////////
//
// prog28.cpp
//
// Demonstrates the use of
//   Window constructor
//
//
///////////////////////////////////////
```

9-4 Continued.

```
////////////////////////
// include (for getch)

#include <conio.h>

////////////////////////
// include class defs

#include <iostream.h>
#include "tabcpp.h"

void main()
{
char title1[] = { " Window 1 " };

////////////////////////
// declare cursor

Cursor C1(7,8);

////////////////////////
// save cursor size

C1.SaveSize();

////////////////////////
// turn off the cursor

C1.Hide();

////////////////////////
// declare Attributes

Attribute A1(WHITE,BLUE);

////////////////////////
// declare screen class

Screen S1(A1.Original());

////////////////////////
// Window class is
// displayed

Window W1(0,        // upper left row
      0,      // upper left col
          24,     // lower right row
          79,     // lower right col
          BORDER_DDSS, // window style
          title1, // window title
          TITLE_UC,      // window title location
          SHADOW_OFF,     // window shadow status
          A1.Inverse()); // box attr

////////////////////////
// Write press key
// message to
// window
```

```
W1.WriteText(2,2,0,"Press any key to Remove Window 1",W1.Attribute());

/////////////////////////
// wait for key press

getch();

/////////////////////////
// remove window 1

W1.Remove();

/////////////////////////
// print message via
// streamio

C1.MoveTo(24,0);

/////////////////////////
// set two newlines to
// the screen

cout << "\n\n";

/////////////////////////
// write screen message

S1.WriteText(24,0,0,"Press any key to Display Removed Window",7);

/////////////////////////
// wait for key press

getch();

/////////////////////////
// display previously
// removed window

W1.Display();

/////////////////////////
// wait for key press

getch();

/////////////////////////
// remove displayed
// window

W1.Remove();

/////////////////////////
// set two newlines to
// the screen

cout << "\n\n";

/////////////////////////
// turn on the cursor

C1.Show();
```

```
/////////////////////////
// restore cursor size

C1.RestoreSize();
}
```

Summary

Figure 9-5 presents the source code listing to PROG29.CPP. This culminating Window class demonstration shows how to create overlapping shadowed windows. Scan the source code for PROG29.CPP, and I believe that you'll begin to get a real feel for the power and ease of C++.

Let's compile and link PROG29.CPP. From the command line, type

cc prog29

and press Enter.

From the command line, type

ccl prog29

and press Enter.

Running PROG29.EXE shows overlapping multi-colored shadowed windows popping up and down the screen. I think that PROG29.EXE creates a very pleasing demonstration display for the Window class member methods.

9-5 Source code listing of PROG29.CPP.

```
/////////////////////////////////////
//
// prog29.cpp
//
// Demonstrates the use of
//   overlapping windows
//
//
/////////////////////////////////////

/////////////////////////
// include class defs

#include <iostream.h>
#include "tabcpp.h"

/////////////////////////
// prog28 function
// prototypes

void open_window_2(void);
void open_window_3(void);
void open_window_4(void);
```

```
///////////////////////////
// global data visible
// to open_window_x
// functions

int is_open_2= aFALSE;
int is_open_3 = aFALSE;
int is_open_4 = aFALSE;
int total_open = 0;

void main()
{
char titlel[] = { " Full Screen Main Window " };
int key;
int row;

///////////////////////////
// declare key class

Key K1(0);

///////////////////////////
// declare cursor

Cursor C1(7,8);

///////////////////////////
// save cursor
// location

C1.SaveLocation();

///////////////////////////
// save cursor size

C1.SaveSize();

///////////////////////////
// turn off the cursor

C1.Hide();

///////////////////////////
// declare Attributes

Attribute A1(WHITE,BLUE);

///////////////////////////
// declare screen class

Screen S1(A1.Original());

///////////////////////////
// Window class is
// displayed

Window W1(0,        // upper left row
      0,     // upper left col
          24,     // lower right row
          79,     // lower right col
```

```
        BORDER_DDSS, // window style
        title1, // window title
        TITLE_UC,       // window title location
        SHADOW_OFF,        // window shadow status
        A1.Inverse()); // box attr

//////////////////////////
// first window is
// opened

total_open = 1;

//////////////////////////
// fill window with
// dots to emphasize
// how shadow works

for(row=1; row<24; row++)
   W1.RepeatChar(row,1,78,'.',W1.Attribute());

//////////////////////////
// Write press key
// message to
// window

W1.WriteText(2,2,0,"                          ",A1.Original());
W1.WriteText(3,2,0,"      Program Commands      ",A1.Original());
W1.WriteText(4,2,0,"                          ",A1.Original());
W1.WriteText(5,2,0," Press F1 to Pop Up Window 1 ",A1.Original());
W1.WriteText(6,2,0," Press F2 to Pop Up Window 2 ",A1.Original());
W1.WriteText(7,2,0," Press F3 to Pop Up Window 3 ",A1.Original());
W1.WriteText(8,2,0," Press ESCAPE to Exit to DOS ",A1.Original());
W1.WriteText(9,2,0," --------------------------",A1.Original());
W1.WriteText(10,2,0," RIGHT ARROW => rt. one col  ",A1.Original());
W1.WriteText(11,2,0," LEFT ARROW => left one col  ",A1.Original());
W1.WriteText(12,2,0," UP ARROW => up one row      ",A1.Original());
W1.WriteText(13,2,0," DOWN ARROW => down one row  ",A1.Original());
W1.WriteText(14,2,0," HOME => upper left scrn cor.",A1.Original());
W1.WriteText(15,2,0," END => lower left scrn cor. ",A1.Original());
W1.WriteText(16,2,0," PGUP => upper rt. scrn cor. ",A1.Original());
W1.WriteText(17,2,0," PGDN => lower rt. scrn cor. ",A1.Original());
W1.WriteText(18,2,0,"                          ",A1.Original());

//////////////////////////
// process key presses

for(;;)
   {
   key = K1.ReadKey();

   //////////////////////////
   // if escape then exit
   // program

   if(key==ESCAPE)
      break;
```

```
///////////////////////////
// if F1 open window 1

if(key==F1)

    open_window_2();

///////////////////////////
// if F2 open window 2

if(key==F2)
    open_window_3();

///////////////////////////
// if F3 open window 3

if(key==F3)
    open_window_4();

    }


///////////////////////////
// remove window 1

W1.Remove();

///////////////////////////
// free window 1
// memory

W1.Destroy();


///////////////////////////
// restore cursor
// location

C1.RestoreLocation();

///////////////////////////
// turn on the cursor

C1.Show();

///////////////////////////
// restore cursor size

C1.RestoreSize();

///////////////////////////
// move the cursor to
// the screen bottom

C1.MoveTo(24,0);

///////////////////////////
// print 2 new lines

cout << "\n\n";
```

```
//////////////////////
// write program
// termination message

S1.WriteText(24,0,0,"PROG29 terminated and returned to DOS",7);

//////////////////////
// print 1 new lines

cout << "\n";
}

/////////////////////////////////////
//
// pop open window 2
//
/////////////////////////////////////

void open_window_2()
{
char title[] = { " Window 1 " };
int key;

//////////////////////
// check that total
// open is less than 3
// windows

if(total_open<3)

    // increment open window counter

    total_open++;
else

    // if there are 4 windows open
    // then return to caller

    return;

//////////////////////
// set window flag open

is_open_2 = aTRUE;

//////////////////////
// declare key class

Key K2(0);

//////////////////////
// window 2 attribute

Attribute A2(WHITE,RED);

//////////////////////
// Window class is
// displayed
```

```
Window W2(10,       // upper left row
    20,       // upper left col
        20,       // lower right row
        75,       // lower right col
        BORDER_SSSS, // window style

        title, // window title
        TITLE_UC,        // window title location
        SHADOW_ON,        // window shadow status
        A2.Intense()); // box attr
//////////////////////////
// process key presses

for(;;)
    {
    //////////////////////////
    // Write press key
    // message to
    // window

    if(!is_open_3&&total_open<3)
        W2.WriteText(2,2,0,
            " Press F2 to Pop Up Window 2 ",W2.Attribute());

    if(!is_open_4&&total_open<3)
        W2.WriteText(3,2,0,
            " Press F3 to Pop Up Window 3 ",W2.Attribute());

    W2.WriteText(5,2,0,
            " Press ESCAPE to Return to Calling Window ",W2.Attribute());

    //////////////////////////
    // wait for key press

    key = K2.ReadKey();

    //////////////////////////
    // if LEFT_ARROW key
    // pressed then move
    // window 3 left one
    // column

    if(key==LEFT_ARROW && W2.GetULCol()>0)
        W2.MoveRelativeTo(0,-1);

    //////////////////////////
    // if RIGHT_ARROW key
    // pressed then move
    // window 3 right one
    // column

    if(key==RIGHT_ARROW && (W2.GetULCol()+W2.GetWidth())<79)
        W2.MoveRelativeTo(0,1);

    //////////////////////////
    // if UP_ARROW key
    // pressed then move
    // window 3 up one row
```

```
if(key==UP_ARROW && W2.GetULRow()>0)
    W2.MoveRelativeTo(-1,0);

/////////////////////////
// if DOWN_ARROW key
// pressed then move
// window 3 down one row

if(key==DOWN_ARROW && (W2.GetULRow()+W2.GetHeight())<24)
    W2.MoveReTativeTo(1,0);

/////////////////////////
// if HOME key
// pressed then move
// window 3 to row 0
// column 0

if(key==HOME)
    W2.MoveTo(0,0);

/////////////////////////
// if END key
// pressed then move
// window 3 to the lower
// left screen corner

if(key==END)
    W2.MoveTo(24-W2.GetHeight(),0);

/////////////////////////
// if PgUp key
// pressed then move
// window 32 to the upper
// right corner of the
// screen

if(key==PGUP)
    W2.MoveTo(0,79-W2.GetWidth());

/////////////////////////
// if PgDn key
// pressed then move
// window 3 to lower
// right screen corner

if(key==PGDN)
    W2.MoveTo(24-W2.GetHeight(),79-W2.GetWidth());

/////////////////////////
// if escape then exit
// program

if(key==ESCAPE)
    break;
/////////////////////////
// if F2 open window 2

if(key==F2&&!is_open_3)
```

```
   {
   ///////////////////////
   // Write press key
   // message to
   // window using non-
   // intense attribute

   if(!is_open_3&&total_open<3)
      W2.WriteText(2,2,0,
         " Press F2 to Pop Up Window 2 ",A2.Original());

   if(!is_open_4&&total_open<3)
      W2.WriteText(3,2,0,
         " Press F3 to Pop Up Window 3 ",A2.Original());

   W2.WriteText(5,2,0,
         " Press ESCAPE to Return to Calling Window ",A2.Original());

   open_window_3();
   }

///////////////////////
// if F3 open window 3

if(key==F3&&!is_open_4)
   {
   ///////////////////////
   // Write press key
   // message to
   // window using non-
   // intense attribute

   if(!is_open_3&&total_open<3)
      W2.WriteText(2,2,0,
         " Press F2 to Pop Up Window 2 ",A2.Original());

   if(!is_open_4&&total_open<3)
      W2.WriteText(3,2,0,
         " Press F3 to Pop Up Window 3 ",A2.Original());

   W2.WriteText(5,2,0,
         " Press ESCAPE to Return to Calling Window ",A2.Original());

   open_window_4();
   }

}

///////////////////////
// remove window and
// restore previously
// saved screen

W2.Remove();

///////////////////////
// destroy window data
// free memory

W2.Destroy();
```

```
///////////////////////
// set window flag
// closed

is_open_2 = aFALSE;

///////////////////////
// close window so
// adjust total open
// flag

total_open--;
}

///////////////////////////////////
//
// pop open window 3
//
///////////////////////////////////

void open_window_3()
{
char title[] = { " Window 2 " };
int key;

///////////////////////
// check that total
// open is less than 3
// windows

if(total_open<3)

    // increment open window counter

    total_open++;
else

    // if there are 4 windows open
    // then return to caller

    return;

///////////////////////
// set window flag open

is_open_3 = aTRUE;

///////////////////////
// declare key class

Key K3(0);

///////////////////////
// window 2 attribute

Attribute A3(WHITE,BROWN);

///////////////////////
// Window class is
```

```
                    // displayed

    Window W3(4,        // upper left row
        5,      // upper left col
              12,     // lower right row
              55,     // lower right col
              BORDER_SSSS, // window style
              title, // window title
              TITLE_UL,        // window title location
              SHADOW_ON,       // window shadow status
              A3.Intense()); // box attr


    /////////////////////////
    // process key presses

    for(;;)
        {
        /////////////////////////
        // Write press key
        // message to
        // window

        if(!is_open_2&&total_open<3)
            W3.WriteText(2,2,0,
                " Press F1 to Pop Up Window 1 ",A3.Intense());
        if(!is_open_4&&total_open<3)
            W3.WriteText(3,2,0,
                " Press F3 to Pop Up Window 3 ",A3.Intense());
        W3.WriteText(5,2,0,
                    " Press ESCAPE to Return to Calling Window ",A3.Intense());

        /////////////////////////
        // wait for key press

        key = K3.ReadKey();

        /////////////////////////
        // if LEFT_ARROW key
        // pressed then move
        // window 3 left one
        // column

        if(key==LEFT_ARROW && W3.GetULCol()>0)
            W3.MoveRelativeTo(0,-1);

        /////////////////////////
        // if RIGHT_ARROW key
        // pressed then move
        // window 3 right one
        // column

        if(key==RIGHT_ARROW && (W3.GetULCol()+W3.GetWidth())<79)
            W3.MoveRelativeTo(0,1);

        /////////////////////////
        // if UP_ARROW key
        // pressed then move
        // window 3 up one row

        if(key==UP_ARROW && W3.GetULRow()>0)
```

```
    W3.MoveRelativeTo(-1,0);

///////////////////////////
// if DOWN_ARROW key
// pressed then move
// window 3 down one row

if(key==DOWN_ARROW && (W3.GetULRow()+W3.GetHeight())<24)
    W3.MoveRelativeTo(1,0);

///////////////////////////
// if HOME key
// pressed then move
// window 3 to row 0
// column 0

if(key==HOME)
    W3.MoveTo(0,0);

///////////////////////////
// if END key
// pressed then move
// window 3 to the lower
// left screen corner

if(key==END)
    W3.MoveTo(24-W3.GetHeight(),0);

///////////////////////////
// if PgUp key
// pressed then move
// window 32 to the upper
// right corner of the
// screen

if(key==PGUP)
    W3.MoveTo(0,79-W3.GetWidth());

///////////////////////////
// if PgDn key
// pressed then move
// window 3 to lower
// right screen corner

if(key==PGDN)
    W3.MoveTo(24-W3.GetHeight(),79-W3.GetWidth());

///////////////////////////
// if F2 open window 2

if(key==F1&&!is_open_2)
    {
    ///////////////////////////
    // Write press key
    // message to
    // window using
    // A3.Original()
```

```
        if(!is_open_2&&total_open<3)
          W3.WriteText(2,2,0,
             " Press F1 to Pop Up Window 1 ",A3.Original());
        if(!is_open_4&&total_open<3)
          W3.WriteText(3,2,0,
             " Press F3 to Pop Up Window 3 ",A3.Original());
        W3.WriteText(5,2,0,
                    " Press ESCAPE to Return to Calling Window ",A3.Original());

        open_window_2();
        }

//////////////////////////
// if F3 open window 3

if(key==F3&&!is_open_4)
  {
  //////////////////////////
  // Write press key
  // message to
  // window using
  // A3.Original()

  if(!is_open_2&&total_open<3)
    W3.WriteText(2,2,0,
       " Press F1 to Pop Up Window 1 ",A3.Original());

    if(!is_open_4&&total_open<3)
      W3.WriteText(3,2,0,
         " Press F3 to Pop Up Window 3 ",A3.Original());
      W3.WriteText(5,2,0,
                  " Press ESCAPE to Return to Calling Window ",A3.Original());

    open_window_4();
    }

//////////////////////////
// if escape then exit
// program

  if(key==ESCAPE)
    break;

  }

//////////////////////////
// remove window and
// restore previously
// saved screen

W3.Remove();

//////////////////////////
// destroy window data
// free memory

W3.Destroy();

//////////////////////////
```

```
// set window flag
// closed

is_open_3 = aFALSE;

//////////////////////////
// close window so
// adjust total open
// flag

total_open--;
}

//////////////////////////////////////
//
// pop open window 4
//
//////////////////////////////////////

void open_window_4()
{
char title[] = { " Window 3 " };
int key;

//////////////////////////
// check that total
// open is less than 3
// windows

if(total_open<3)

    // increment open window counter

    total_open++;
else

    // if there are 4 windows open
    // then return to caller

    return;

//////////////////////////
// set window flag open

is_open_4 = aTRUE;

//////////////////////////
// declare key class

Key K4(0);

//////////////////////////
// window 2 attribute

Attribute A4(WHITE,MAGENTA);

//////////////////////////
// Window class is
```

```
// displayed

Window W4(10,        // upper left row
    16,          // upper left col
        17,        // lower right row
        45,        // lower right col
        BORDER_SSSS, // window style
        title, // window title
        TITLE_LC,        // window title location
        SHADOW_ON,        // window shadow status
        A4.Intense()); // box attr

/////////////////////////
// process key presses

for(;;)
    {
    /////////////////////////
    // Write press key
    // message to
    // window

    if(!is_open_2&&total_open<3)
        W4.WriteText(2,2,0,
            " Press F1 to Pop Up # 1 ",A4.Intense());

    if(!is_open_3&&total_open<3)
        W4.WriteText(3,2,0,
            " Press F2 to Pop Up # 2 ",A4.Intense());

    W4.WriteText(5,2,0,
            " Press ESCAPE to Return ",A4.Intense());

    /////////////////////////
    // wait for key press

    key = K4.ReadKey();

    /////////////////////////
    // if LEFT_ARROW key
    // pressed then move
    // window 3 left one
    // column

    if(key==LEFT_ARROW && W4.GetULCol()>0)
        W4.MoveRelativeTo(0,-1);

    /////////////////////////
    // if RIGHT_ARROW key
    // pressed then move
    // window 3 right one
    // column

    if(key==RIGHT_ARROW && (W4.GetULCol()+W4.GetWidth())<79)
        W4.MoveRelativeTo(0,1);

    /////////////////////////
    // if UP_ARROW key
    // pressed then move
    // window 3 up one row
```

```
if(key==UP_ARROW && W4.GetULRow()>0)
   W4.MoveRelativeTo(-1,0);

/////////////////////////
// if DOWN_ARROW key
// pressed then move
// window 3 down one row

if(key==DOWN_ARROW && (W4.GetULRow()+W4.GetHeight())<24)
   W4.MoveRelativeTo(1,0);

/////////////////////////
// if HOME key
// pressed then move
// window 3 to row 0
// column 0
if(key==HOME)
   W4.MoveTo(0,0);

/////////////////////////
// if END key
// pressed then move
// window 3 to the lower
// left screen corner

if(key==END)
   W4.MoveTo(24-W4.GetHeight(),0);

/////////////////////////
// if PgUp key
// pressed then move
// window 32 to the upper
// right corner of the
// screen

if(key==PGUP)
   W4.MoveTo(0,79-W4.GetWidth());

/////////////////////////
// if PgDn key
// pressed then move
// window 3 to lower
// right screen corner

if(key==PGDN)
   W4.MoveTo(24-W4.GetHeight(),79-W4.GetWidth());

/////////////////////////
// if F2 open window 2

if(key==F1&&!is_open_2)
     {
     /////////////////////////
     // Write press key
     // message to
     // window
```

```
            if(!is_open_2&&total_open<3)
               W4.WriteText(2,2,0,
                  " Press F1 to Pop Up # 1 ",A4.Original());

            if(!is_open_3&&total_open<3)
               W4.WriteText(3,2,0,
                  " Press F2 to Pop Up # 2 ",A4.Original());

            W4.WriteText(5,2,0,
                  " Press ESCAPE to Return ",A4.Original());

            open_window_2();
            }

     ////////////////////////
     // if F2 open window 2

     if(key==F2&&!is_open_3)
            {
            ////////////////////////
            // Write press key
            // message to
            // window

            if(!is_open_2&&total_open<3)
               W4.WriteText(2,2,0,
                  " Press F1 to Pop Up # 1 ",A4.Original());

            if(!is_open_3&&total_open<3)
               W4.WriteText(3,2,0,
                  " Press F2 to Pop Up # 2 ",A4.Original());

            W4.WriteText(5,2,0,
                  " Press ESCAPE to Return ",A4.Original());

            open_window_3();
            }

     ////////////////////////
     // if escape then exit
     // program

     if(key==ESCAPE)
        break;

     }

////////////////////////
// remove window and
// restore previously
// saved screen

W4.Remove();

////////////////////////
// destroy window data
// free memory

W4.Destroy();
```

```
////////////////////////
// set window flag
// closed

is_open_4 = aFALSE;

////////////////////////
// close window so
// adjust total open
// flag

total_open--;
}
```

Figure 9-6 presents the final listing for your TABCPP.LIB library listing file. As you can plainly see, the TABCPP.LIB class library contents have grown to an impressive list.

9-6 TABCPP.LIB library listing.

```
Publics by module

ATTRIBUT    size = 455
    Attribute::Attribute(unsigned char,unsigned char)
    Attribute::Reset(unsigned char,unsigned char)

BOX         size = 1114
    Box::Box(int,int,int,int,char,unsigned char)
    Box::BRestore()
    Box::BSave()
    Box::Destroy()
    Box::Display()
    Box::MoveRelativeTo(int,int)
    Box::MoveTo(int,int)
    Box::Remove()
    Box::Restore()
    Box::Save()

CURSOR      size = 660
    Cursor::Cursor(unsigned char,unsigned char)
    Cursor::Hide()
    Cursor::MoveRelativeTo(int,int)
    Cursor::MoveTo(int,int)
    Cursor::RestoreLocation()
    Cursor::RestoreSize()
    Cursor::SaveLocation()
    Cursor::SaveSize()
    Cursor::Show()
    Cursor::Size(int,int)

EMS         size = 849
    Ems::Ems(int)
    Ems::Allocate(int)
```

```
                  Ems::Available()
                  Ems::Map(int,int,int)
                  Ems::ReadData(int,int,int,int,char near*,int)
                  Ems::Release(int)
                  Ems::WriteData(int,int,int,int,char near*,int)

         EMSFUN     size = 68
                  IsEms()

         KEY        size = 879
                  Key::Key(int)
                  Key::AltKey()
                  Key::CapsLock()
                  Key::ControlKey()
                  Key::Flags()
                  Key::InsertToggle()
                  Key::LeftShiftKey()
                  Key::NumLock()
                  Key::ReadKey()
                  Key::ReadText(int,int,char near*,int)
                  Key::RightShiftKey()
                  Key::ScrollLock()
                  Key::Status()
                  Key::mvCur(int,int)
                  Key::putChr(char)

         KEYFUN     size = 14
                  keystat()

         LOCATION   size = 91
                  Location::Location(int,int)
                  Location::Modify(int,int)
                  Location::Reset(int,int)

         PAD        size = 1955
                  Pad::Pad(char near*,
                           char near*near*,
                           int near*,'
                           int,
                           int,
                           int,
                           int,
                           int,
                           int,
                           char,
                           unsigned char)
                  Pad::BRestore()
                  Pad::BSave()
                  Pad::Destroy()
                  Pad::Display()
                  Pad::MoveRelativeTo(int,int)
                  Pad::MoveTo(int,int)
                  Pad::ReadKey()
                  Pad::Remove()
                  Pad::RepeatChar(int,int,int,char,unsigned char)
                  Pad::Restore()
                  Pad::Save()
                  Pad::View()
                  Pad::WriteChar(int,int,char,unsigned char)
                  Pad::WriteText(int,int,int,char near*,unsigned char)
```

```
    Pad::WriteVBar(int,int,int,unsigned char)
    Pad::display_file(int,int)

PAD2        size = 323
    process_pad_file(char near*,char near*near*,int,int)

PRINTER     size = 466
    Printer::Printer(int)
    Printer::CarriageReturn()
    Printer::Error()
    Printer::FormFeed()
    Printer::GetStatus()
    Printer::Initialize()
    Printer::LineFeed()
    Printer::NewLine()
    Printer::PrintScreen()
    Printer::SetColumn(int)
    Printer::WriteChar(char)
    Printer::WriteText(char near*,int)

SCREEN      size = 1906
    Screen::Screen(unsigned char)
    Screen::Attribute(unsigned char)
    Screen::Clear(unsigned char)
    Screen::CopyPage(int,int)
    Screen::ExtractAttribute(int)
    Screen::ExtractChar(int)
    Screen::FlipPage(int)
    Screen::ReadChar(int,int)
    Screen::ReadString(int,int,int,char near*)
    Screen::ReadText(int,int,int,unsigned int near*)
    Screen::RepeatAttribute(int,int,int,unsigned char)
    Screen::RepeatChar(int,int,int,char,unsigned char)
    Screen::Restore()
    Screen::Save()
    Screen::SelectPage(int)
    Screen::WriteChar(int,int,char,unsigned char)
    Screen::WriteHBar(int,int,int,unsigned char)
    Screen::WriteString(int,int,int,char near*)
    Screen::WriteText(int,int,int,char near*,unsigned char)
    Screen::WriteVBar(int,int,int,unsigned char)

WGLOBAL     size = 16004
    _ActivePage                    _bp
    _p1                            _p2
    _p3

WINDOW      size = 2675
    Window::Window(int,
                   int,
                   int,
                   int,
                   int,
                   char near*,
                   int,
                   int,
                   unsigned char)
    Window::Destroy()
```

```
Window::Display()
Window::MoveRelativeTo(int,int)
Window::MoveTo(int,int)
Window::ReadChar(int,int,char near*,unsigned char near*)
Window::ReadString(int,int,int,char near*)
Window::Remove()
Window::RepeatAttribute(int,int,int,unsigned char)
Window::RepeatChar(int,int,int,char,unsigned char)
Window::WriteChar(int,int,char,unsigned char)
Window::WriteLLChar()
Window::WriteLRChar()
Window::WriteString(int,int,int,char near*)
Window::WriteText(int,int,int,char near*,unsigned char)
Window::WriteULChar()
Window::WriteURChar()
Window::draw_shadow()
Window::erase_shadow()
```

Epilogue

Know that I do hope that the TABCPP.LIB class library will prove a base starting point for your own class library creations. As you create your own class libraries, I'd love to see them. Feel free to send me your creations via TAB Books. If enough of you submit class libraries, I'll hound my editor to publish a compendium of reader class libraries: it would be a fitting tribute to your creative efforts.

C^{++} is fun. I hope you experienced that fun while working your way through this book.

Namaste'.

Index

If you need help
with the enclosed disk...

The disk included in this book contains codes and programs appearing in *Converting C to Turbo C++* (Book #4084), (C) 1992 by Len Dorfman. This disk should contain three files:

DISK1.EXE
DISK2.EXE
DISK3.EXE

You might find it more convenient to have these files on your hard drive. To create a subdirectory to place these files in, type

MKDIR *directory-name*

at your hard drive prompt, where *directory-name* is what you want to name the subdirectory.

To copy the files, place your disk in your floppy drive (probably drive A) and type

COPY A:*.* C:*directory-name*

The three files on the disk will now be copied to your newly created subdirectory.

To expand all the programs zipped inside these three files, merely type the first part of the filename and hit Enter.

For example, to unzip DISK1.EXE, type

DISK1

You will then see a list of the files inside DISK1 as it's being unzipped.

Simply do the same thing for the other two files. Then, for specifics about each piece of code, simply read the book.